Carine Mercier-Pontec

GRAMMAIRE
ACTIVE

RÉFÉRENCES ET EXERCICES
DE GRAMMAIRE FRANÇAISE

A1

Table des matières

Le verbe *être*

	SINGULIER	PLURIEL
1ère pers.	Je suis	Nous sommes
2ème pers.	Tu es	Vous êtes
3ème pers.	Il est / Elle est	Ils sont / Elles sont

Le verbe *être* peut se référer à une personne ou un objet et peut désigner:

* la nature   *Je suis petit*
* l'état   *Tu es heureux*
* la fonction   *Il est médecin*

1 Relie chaque forme conjuguée du verbe *être* au pronom qui convient.

suis   tu   *je*   sont   vous   elle

sommes   nous   êtes   es   ils   est

2 Souligne la forme verbale correcte.

1 Monsieur Blanc *est / es* journaliste.
2 Je *suis / sommes* fatigué.
3 Nous *sommes / êtes* en France en été.
4 Anne *êtes / est* en classe.

5 Les livres *sommes / sont* sur la table.
6 La voiture *es / est* dans le garage.
7 Vous *est / êtes* Mademoiselle Blanc ?
8 Tu *es / est* pilote ?

3 Complète les phrases suivantes.

1 Je _____ anglais.
2 Vous _____ en retard.
3 Il _____ sympathique.

4 Nous _____ en vacances.
5 Elles _____ à la maison.
6 Marc, tu _____ de Paris ou de Tours ?

4 Complète les phrases avec le pronom sujet.

1 _____ sommes à l'école.
2 _____ es devant la fenêtre.
3 _____ suis Fabienne.
4 _____ sont à l'heure.

5 _____ est au bureau.
6 _____ êtes américaines.
7 _____ est française.
8 _____ sont acteurs.

5 Complète les questions avec le verbe *être* et les réponses avec le pronom + le verbe *être*.

« John ___est___ américain ? »
« Oui, ___il est___ de New York. »
1 « Alice _____ médecin ? »
   « Oui, _____ _____ pédiatre. »
2 « Pierre et Jean _____ français ? »
   « Oui, _____ _____ de Paris. »
3 « La banque _____ ouverte ? » « Oui, _____ _____ ouverte de 8h00 à 12h30. »

4 « Nous _____ en Provence ? »
   « Non, _____ _____ dans les Alpes-Maritimes. »
5 « Vous _____ au lycée ? »
   « Non, _____ au collège. »
6 « Ils _____ étrangers ? »
   « Oui, _____ _____ de Budapest. »

6 🎧 **Mets les mots dans le bon ordre, puis écoute le CD pour vérifier.**

1 sont – grands – ils – et – forts

_____

2 secrétaire – suis – une – entreprise – je – importante – dans

_____

3 prénom – Suzanne – mon – est

_____

4 françaises – et –Marie – sont – Chloé

_____

7 **Complète la grille avec les formes du verbe _être_.**

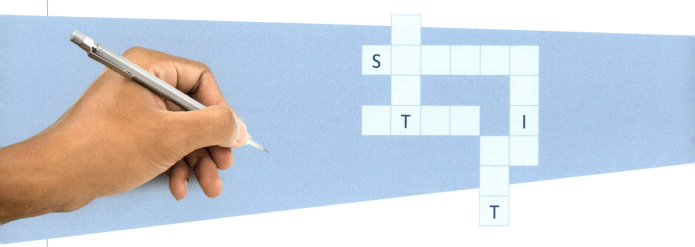

8 **Complète en conjugant le verbe _être_ à la 3ème personne du singulier ou du pluriel.**

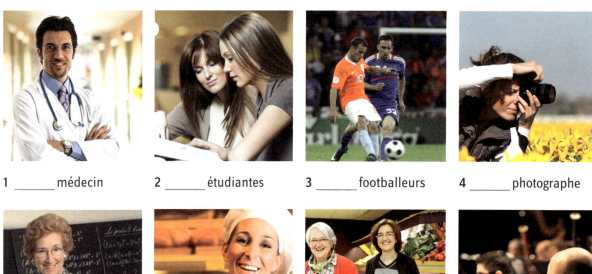

1 _____ médecin   2 _____ étudiantes   3 _____ footballeurs   4 _____ photographe

5 _____ professeur   6 _____ boulangère   7 _____ vendeuses   8 _____ musiciens

Les articles définis et indéfinis

SINGULIER		PLURIEL	
MASCULIN	FÉMININ	MASCULIN	FÉMININ
le *le stylo* **l'** *l'ami*	**la** *la gomme* **l'** *l'école*	**Les** *les stylos*	**les** *les gommes*

Les articles définis (*le, la , les*) indiquent des personnes ou choses déterminées.

Attention :

Devant un substantif masculin ou féminin qui commence par une voyelle (a, e, i, o, u, y) ou h muet, on met l'article **l'**.

SINGULIER		PLURIEL	
MASCULIN	FÉMININ	MASCULIN	FÉMININ
un *un cahier* *un homme*	**une** *une règle* *une amie*	**des** *des hommes* *des cahiers*	**des** *des règles* *des amies*

Les articles indéfinis (*un, une, des*) indiquent des personnes ou choses indéterminées.

Attention :

On écrit toujours **une** même devant une voyelle.

1 Complète avec l'article défini.

1 _____ homme 2 _____ livre 3 _____ télévision 4 _____ chaise 5 _____ table 6 _____ voiture

7 _____ femme 8 _____ moto 9 _____ croissant 10 _____ école 11 _____ ballons 12 _____ amies

2 Complète avec l'article indéfini

1 _____ maison 2 _____ cinéma 3 _____ école 4 _____ poire

5 _____ livre 6 _____ amies 7 _____ moto 8 _____ ballons

3 Complète avec *un, une* ou *des.*

1 C'est _____ chanteur anglais.
2 C'est _____ amie.
3 Ce sont _____ jeunes sympathiques.

4 C'est _____ concert super.
5 C'est _____ fille française.
6 Ce sont _____ actrices peu connues.

4 Complète avec *le, la* ou *les.*

1 Ce sont _____ élèves de M. Durand.
2 C'est _____ fille du directeur.
3 C'est _____ travail de Pierre.
4 Ce sont _____ DVD des enfants

5 C'est _____ ballon de Michel.
6 C'est _____ nouvelle école de Catherine.
7 C'est _____ frère de Marc.

5 🎧 ² Écoute le CD et complète les phrases.

1 C'est _____ copine de Marie.
2 C'est _____ chien abandonné.
3 Ce sont _____ camarades de Jean.
4 Voici _____ clés de l'appartement.
5 Ce sont _____ chanteurs.
6 Voilà _____ amie de maman

7 Ce sont _____ médecins du nouvel l'hôpital.
8 C'est _____ trousse rouge.
9 C'est _____ maison de ma grand-mère.
10 Voici _____ raquettes de ping-pong.

6 Classe les phrases de l'exercice 5 dans les deux groupes (A, B) suivants. Fais attention à la structure des phrases.

A
C'est **la** copine **de** Marie. /
_____
_____
_____
_____
_____

B
C'est un chien abandonné. /
_____
_____
_____
_____
_____

7 🎧 ³ Transforme les phrases comme dans l'exemple et écoute le CD pour vérifier tes réponses.

« C'est un musée ? »
« Oui, c'est le musée Picasso.»

1 « C'est une voiture ? » « Oui, c'est _____ voiture de Mme Blanc. »
2 « C'est une fille ? » « Oui, c'est _____ fille des voisins. »
3 «Ce sont des revues ? » « Oui, ce sont _____ revues de Julien. »
4 «C'est un prof ? » « Oui, c'est _____ professeur de musique. »

5 « C'est un pont ? » « Oui, c'est _____ Pont du Midi. »
6 « C'est un château ? » « Oui, c'est _____ château de Chambord. »
7 « C'est un journal ? » « Oui, c'est _____ journal de mon père . »
8 « C'est un journaliste ? » « Oui, c'est _____ journaliste de France-Matin. »

Le féminin des adjectifs et des noms

Règle générale

ADJECTIFS			NOMS		
MASCULIN		**FÉMININ**	**MASCULIN**		**FÉMININ**
grand	**+ - e**	grand**e**	un cousin	**+ - e**	une cousin**e**

Particularités

ADJECTIFS			NOMS	
MASCULIN		**FÉMININ**	**MASCULIN**	**FÉMININ**
jeun**e**	**=**	jeune	un journalist**e**	une journalist**e**
itali**en**	**/enne**	itali**enne**	un itali**en**	une itali**enne**
mign**on**	**/onne**	mign**onne**	un champi**on**	un champi**onne**
*intellectu**elle***	**/elle**	*intellectu**elle***	un intellectu**el**	un intellectu**elle**
premi**er**	**/ère**	premi**ère**	un boulang**er**	un boulang**ère**
heur**eux**	**/euse**	heur**euse**	un peur**eux**	un peur**euse**
ment**eur**	**/euse**	ment**euse**	un dans**eur**	une dans**euse**
vi**f**	**/ve**	vi**ve**	un veu**f**	une veu**ve**

Attention :

père → mère
frère → sœur
oncle → tante
neveu → nièce
grand-père → grand-mère
garçon → fille
homme → femme
copain → copine
acteur → actrice
roux → rousse
doux → douce
gentil → gentille
gros → grosse
long → longue.

1 Choisis la forme correcte et recopie la phrase.

Le livre est long / longue.
Le livre est long.
_____

1 Le tableau est noir / noire.
_____

2 La chemise est bleue / bleu.
_____

3 La plante est vert / verte.
_____

4 La femme est roux /rousse
_____

5 La jupe est gris / grise
_____

6 L'écharpe est noir / noire
_____

7 Le pantalon est bleu / bleue
_____

8 Le garçon est genti / gentille
_____

2 Mets les mots au féminin.

un ami _____

un voisin _____

un boulanger _____

un copain _____

un marchand _____

un oncle _____

un chanteur _____

un acrobate _____

un garçon _____

un étudiant _____

un étranger _____

un père _____

un veuf _____

un cousin _____

3 Mets les mots au masculin.

une écolière _____   une laitière _____
une sorcière _____   une boulangère _____
une couturière _____   une bergère _____

4 Mets l'adjectif au féminin.

un fruit mûr → une pomme _____   un livre intéressant → une histoire _____
un lac gelé → une rivière _____   un grand jardin → une _____ maison
un joli garçon → une _____ fille   un trou profond → une grotte _____
un petit garçon → une _____ fille   un homme veuf → une femme _____
un enfant vif → une fille _____   un livre léger → une feuille _____
un gros livre → une _____ lettre   un homme triste → une femme _____

5 Réponds comme dans l'exemple.

« Le devoir est facile ; et la leçon ? »
« La leçon est facile. »

1   « Le pantalon est long ; et la jupe ? »
    « _____ . »
2   « Le papier est blanc ; et la page ? »
    « _____ . »
3   « Pierre est fatigué ; et Martine ? »
    « _____ . »
4   « Le dessert est délicieux ; et la glace ? »
    « _____ . »
5   « André est grand ; et Julie ? »
    « _____ . »
6   « Le poisson est bon ; et la viande ? »
    « _____ . »
7   « Luc est le dernier ; et Manon ? »
    « _____ . »
8   « Jean est gentil ; et Camille ? »
    « _____ . »
9   « Le sac est lourd ; et la valise ? »
    « _____ . »
10 « Le chien est doux ; et la chatte ? »
    « _____ .»

6 🎧 ⁴ Féminin ou masculin ? Écoute le CD et souligne le mot que tu entends.

1   heureux / heureuse   7   petit / petite
2   bon / bonne   8   âgé / âgée
3   grand / grande   9   français / française
4   long / longue   10 sérieux / sérieuse
5   attentif / attentive   11 gentil / gentille
6   roux / rousse   12 étranger / étrangère

7 Complète les nationalités suivantes au féminin.

La France

un Français / une _____

La Belgique

un Belge / une _____

L'Italie

un Italien / une _____

La Suisse

un Suisse / une _____

L'Angleterre

un Anglais / une _____

L'Espagne

un Espagnol / une _____

La Chine

un Chinois / une _____

L'Allemagne

un Allemand / une _____

Le Japon

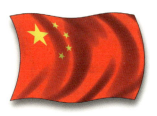

un Japonais / une _____

La Norvège

un Norvégien / une _____

4 Singulier / pluriel

Règle générale

SINGULIER	PLURIEL
La plupart des mots	prennent un **-s**
garçon	garçon**s**
Les mots finissant par **-s, -x, -z**	Ne changent pas
souri**s**	souri**s**
ne**z**	ne**z**
voi**x**	voi**x**

Attention :
bijou → bijoux
caillou → cailloux
chou → choux
genou → genoux
hibou → hiboux

joujou → joujoux
pou → poux

Particularités

SINGULIER	PLURIEL
Les désinences en **-al,**	deviennent **-aux**
Journ**al**	journ**aux**
Les mots finissant par **-au, -eu, -eau**	prennent un **-x**
bat**eau**	bateau**x**
chev**eu**	cheveu**x**
noy**au**	noyau**x**

Attention :
pneu → pneus
bleu → bleus

1 Mets au pluriel.

1 une fille _____
2 le jardin _____
3 l'enfant _____
4 un oncle _____
5 le pantalon _____
6 un livre _____

7 une trousse _____
8 la gomme _____
9 un professeur _____
10 une tarte _____
11 le bus _____
12 une voiture _____

2 Mets au pluriel.

1 un gâteau _____
2 le tableau _____
3 l'esquimau _____
4 un jeu _____
5 le cheval _____
6 un bateau _____
7 le bureau _____
8 le château _____
9 le journal _____

10 un animal _____
11 le cadeau _____
12 le couteau _____
13 le feu _____
14 le général _____
15 un local _____
16 l'hôpital _____
17 un maréchal _____
18 un bocal _____

3 Mets au pluriel.

1 une auberge moderne

_____

2 un tapis ancien

_____

3 un garçon capricieux

_____

4 un journal intéressant

_____

5 une longue marche

_____

6 un animal dangereux

_____

7 un ananas mûr

_____

8 une trousse verte

_____

9 un joujou dangereux

_____

10 un bijou précieux

_____

4 🎧 5 Écoute le CD et indique si les phrases sont au singulier ou au pluriel.

1 a ☐ le magasin fermé
  b ☐ les magasins fermés
2 a ☐ le beau pantalon
  b ☐ les beaux pantalons
3 a ☐ l'animal sauvage
  b ☐ les animaux sauvages
4 a ☐ le pull bleu
  b ☐ les pulls bleus

5 a ☐ l'enfant turbulent
  b ☐ les enfants turbulents
6 a ☐ le nouveau bureau
  b ☐ les nouveaux bureaux
7 a ☐ le brouillard matinal
  b ☐ les brouillards matinaux
8 a ☐ le caillou pointu
  b ☐ les cailloux pointus

5 Regarde le dessin et écris quels objets sont en désordre.

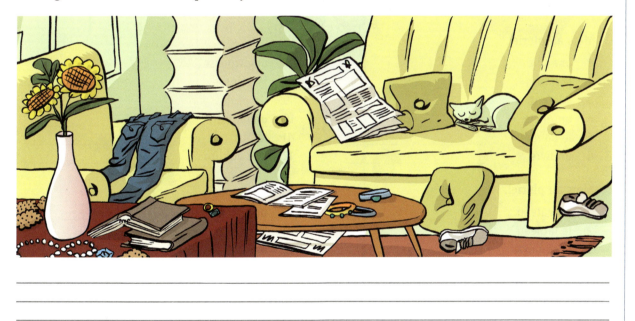

_____

_____

_____

Qui c'est ? / Qu'est-ce que c'est ?

1 « *Qui c'est ?*
   - *C'est* Pierre. »

1 « *Qui c'est ?*
   - *Ce sont* Pierre et Martine. »

1 « *Qu'est-ce que c'est ?*
   - *C'est* un livre. »

1 « *Qu'est-ce que c'est ?*
   - *Ce sont* des livres. »

Qui c'est ? S'utilise pour demander l'identité des personnes
Qu'est-ce que c'est ? S'utilise pour demander l'identité des objets.

Attention :

La question est invariable mais la réponse s'accorde: Singulier : *c'est* ; Pluriel : *ce sont*

---

1 Pose la question : *Qui c'est ?* ou *Qu'est-ce que c'est ?*

1 _____

2 _____

3 _____

5 _____

6 _____

4 _____

7 _____

8 _____

2 Complète le tableau en mettant les réponses sous la question correspondante. Ensuite, associe les bonnes lettres aux photos.

> **a** - C'est un gâteau **b** - Ce sont Claire et Jeanne **c** - C'est ma cousine **d** - C'est une gomme
> **e** - Ce sont mes clés **f** - C'est ma maison **g** - C'est ma nouvelle école **h** - Ce sont les amis de Lucie
> **i** - C'est un chien **j** - Ce sont des bonbons **k** - C'est Martin **l** - Ce sont mes grands-parents

Qui c'est ?	Qu'est-ce que c'est ?
_____	_____
_____	_____
_____	_____
_____	_____
_____	_____
_____	_____

 ☐  ☐  ☐  ☐

3 Pose la question et réponds.

une trousse
« Qu'est-ce que c'est ? » _____
« C'est une trousse. » _____

1 des amis
_____

2 une église
_____

3 le directeur
_____

4 une moto
_____

5 un ballon de foot
_____

6 un camarade de classe
_____

7 une copine
_____

8 la concierge
_____

9 un jeu
_____

10 les parents de Chloé
_____

6 Le verbe *avoir*

	SINGULIER	PLURIEL
1ère pers.	J'ai	Nous avons
2ème pers.	Tu as	Vous avez
3ème pers.	Il a / Elle a	Ils / Elles ont

Le verbe *avoir* peut s'utiliser pour exprimer :

- la possession — *J'ai une voiture*
- une caractéristique — *Il a les yeux bleus*
- une sensation. — *Tu as faim*

1 Complète les phrases avec le verbe *avoir*.

1 Les Dupont _____ une fille.
2 Marie _____ une belle robe.
3 _____ faim.
4 Luc _____ un ballon.
5 Nous _____ des billes.

6 Tu _____ le livre de français.
7 Vous _____ des vélos modernes.
8 Les filles _____ des boucles d'oreille.
9 Le bébé _____ soif.
10 Mes amis _____ une grande maison.

2 Souligne la forme correcte.

1 Aujourd'hui, j'*as* / *ai* rendez-vous avec mes amis.
2 Tu *as* / *a* faim.
3 Nous *ont* / *avons* des billets pour le cirque.
4 Marie et Julie *ont* / *avons* un petit frère.
5 Avec mes amis, nous *ont* / *avons* des bonnes notes

6 Pierre, Marc, vous *avons* / *avez* des devoirs pour demain ?
7 Les enfants *avons* / *ont* une grande chambre.
8 Mon papa *as* / *a* mal à la tête.
9 Noémie *as* / *a* beaucoup de jouets.
10 Il *a* / *ont* un gros chien blanc.

3 Réponds affirmativement aux questions.

« As-tu faim ? »
« *Oui, j'ai faim.* _____ . »

1 « A-t-elle un frère ? »
« _____ . »
2 « Vous avez des devoirs ? »
« _____ . »
3 « As-tu un chien ? »
« _____ . »
4 « A-t-il un pull bleu ? »
« _____ . »
5 « Avez-vous des amis français ? »
« _____ . »
6 As-tu un chien ou un chat ?
« _____ . »
7 Avons-nous un ballon pour jouer ?
« _____ . »

8 « As-tu un frère ? »
« _____ . »
9 « Ont-ils des CD français ? »
« _____ . »
10 « Ont-elles un ordinateur ? »
« _____ . »
11 « As-tu une grande chambre ? »
« _____ . »
12 « Avons-nous le temps ? »
« _____ . »
13 Avez-vous des stylos pour écrire ?
« _____ . »
14 Il a une veste pour sortir ?
« _____ . »

4  **Remets les mots dans le bon ordre. Écoute le CD pour vérifier.**

1   trop · nous · chaud · avons

_____

2   clown · nez · a · ce · le · rouge

_____

3   ans · ai · douze · j'

_____

4   une · vous · de · semaine · vacances · avez

_____

5   ont · une · ils · de · leçon · natation ·

_____

6   enfants · un · les · nouveau · ont · professeur

_____

5 **Complète avec le verbe *être* ou *avoir*. Écoute le CD pour vérifier.**

1   Tu _____ grand pour ton âge.

2   Notre voisin _____ architecte, il _____ une belle maison.

3   Nous _____ envie d'aller à la piscine.

4   Ces filles _____ huit ans, elles _____ grandes.

5   Vous _____ très aimable.

6   Vous _____ le temps d'aller au supermarché ?

7   Les enfants _____ toujours faim.

8   Mes cousins _____ encore en vacances.

9   Les professeurs de Marc _____ sévères.

10 Je _____ contente d'aller voir Manon.

11 Tu _____ un chat ou un chien ?

12 Nous _____ étrangers.

13 Tu _____ libre demain après-midi ?

14 Je _____ rendez-vous chez le médecin.

6 **Complète la grille.**

Horizontal :   1   verbe *être* 2ème pers. sing.
2   verbe *être* 2ème pers. plur.
3   verbe *avoir* 1ère pers. sing.
4   verbe *être* 3ème pers. plur.
5   verbe *avoir* 2ème pers. sing.
6   verbe *être* 1ère pers. plur.

Vertical :   1   verbe *être* 3ème pers. sing.
2   verbe *être* 1ère pers. sing.
3   verbe *avoir* 1ère pers. plur.
4   verbe *avoir* 3ème pers. plur.
5   verbe avoir 2ème pers. plur.

15

Décrire une personne

La description physique

• La personne : verbe *être* + adjectif

Il est grand
Elle est grande

Il est gros
Elle est grosse

Il est beau
Elle est belle

Il est blond
Elle est blonde

Il est jeune
Elle est jeune

Il est âgé
Elle est âgée

Il est petit
Elle est petite

Il est mince
Elle est mince

Il est laid
Elle est laide

Il est brun
Elle est brune

• Les caractéristiques : verbe *avoir* + nom

Il / Elle a les cheveux

blonds *bruns* *roux* *châtain*

longs *courts* *frisés* *raides*

Il/ Elle a les yeux

 bleus   *verts*   *marron*

• L'habillement : verbe *avoir / porter* + nom de vêtement
Il a un pull rouge ; Elle porte un pantalon gris

La description du caractère

• verbe *être* + adjectif
Il est joyeux / triste / sympathique / antipathique / gentil / méchant / timide / ouvert / calme / vif

• *avoir l'air* + adjectif
Elle a l'air joyeuse / triste / sympathique / antipathique / gentille / méchante / timide /ouverte / calme /

1 Lis cette description et recopie les adjectifs soulignés dans le tableau.

Mon chat s'appelle Tigrou parce qu'il a le poil roux et brun. Il est petit et agile.
Il est très câlin et joueur. Il a des longues moustaches noires et deux petits yeux verts.
Il a parfois l'air méchant mais il est très gentil.

PHYSIQUE

_____
_____
_____

CARACTÈRE

_____
_____
_____

2 Lis la description physique de Luc et décris Marthe, sa sœur jumelle.

Luc est grand et maigre. Il est blond et il a les yeux verts. Il a un petit nez. Il est sympathique et gentil.
Il est sportif et actif.

Marthe est _____ et _____. Elle est _____ et _____. _____ un petit
nez. Elle est _____ et _____. _____ est _____.

3 🎧 8 Écoute le CD et indique si l'adjectif est au masculin (M), au féminin (F) ou s'il ne change pas (M = F).

	M	F	M=F		M	F	M=F		M	F	M=F		M	F	M=F		M	F	M=F
1	☐	☐	☐	3	☐	☐	☐	5	☐	☐	☐	7	☐	☐	☐	9	☐	☐	☐
2	☐	☐	☐	4	☐	☐	☐	6	☐	☐	☐	8	☐	☐	☐	10	☐	☐	☐

4 🎧 9 Écoute le CD et indique *vrai* ou *faux*.

		V	F			V	F
1	Il s'appelle Pierre.	☐	☐	7	Il est petit.	☐	☐
2	Il a 21 ans.	☐	☐	8	Il est gros.	☐	☐
3	Il est français.	☐	☐	9	Il aime rire.	☐	☐
4	Il habite à Bali.	☐	☐	10	Il a peu d'amis	☐	☐
5	Il est roux.	☐	☐	11	Il a deux sœurs.	☐	☐
6	Il a les yeux bleus.	☐	☐	12	Il a un frère et une sœur.	☐	☐

5 🎧 10 Écoute le CD et indique à quelle description correspondent les dessins.

☐   ☐   ☐   ☐   ☐

6 Pour chaque groupe de mots, trouve l'intrus et écris une phrase.

1 Joyeux · heureux · vif · maigre   _____
2 content · souriant · sympathique · blond   _____
3 grand · large · gros · gentil   _____
4 mince · petit · timide · court   _____
5 antipathique · méchant · triste · grand   _____
6 calme · brun · blond · châtain   _____

7 Qui est-ce ? Lis les descriptions et trouve à quels personnages elles correspondent.

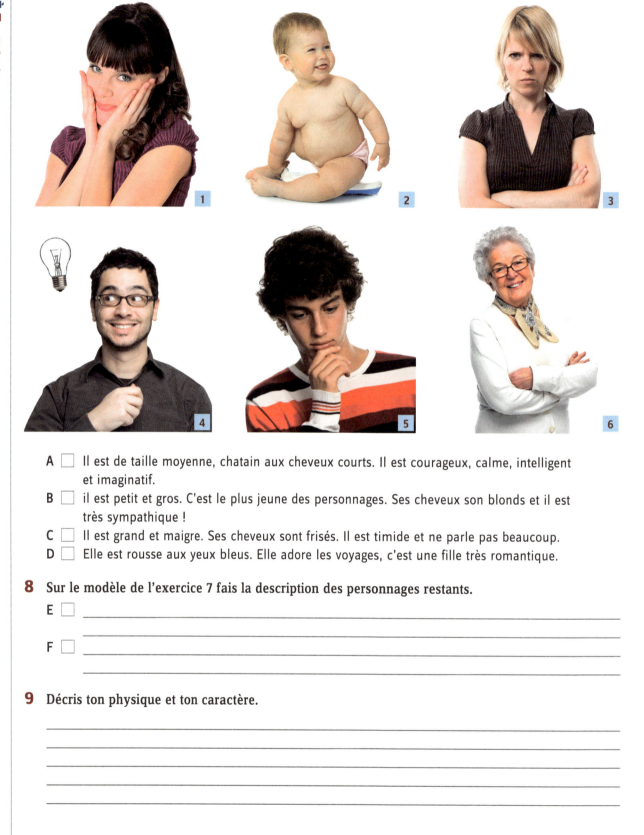

A ☐ Il est de taille moyenne, chatain aux cheveux courts. Il est courageux, calme, intelligent et imaginatif.

B ☐ il est petit et gros. C'est le plus jeune des personnages. Ses cheveux son blonds et il est très sympathique !

C ☐ Il est grand et maigre. Ses cheveux sont frisés. Il est timide et ne parle pas beaucoup.

D ☐ Elle est rousse aux yeux bleus. Elle adore les voyages, c'est une fille très romantique.

8 Sur le modèle de l'exercice 7 fais la description des personnages restants.

E ☐ _____

_____

F ☐ _____

_____

9 Décris ton physique et ton caractère.

_____

_____

_____

_____

_____

Le présent des verbes en *-er* (1er groupe)

PARLER	AIMER
Je parl**e**	J'aim**e**
Tu parl**es**	Tu aim**es**
Il/Elle/On parl**e**	Il/Elle aim**e**
Nous parl**ons**	Nous aim**ons**
Vous parl**ez**	Vous aim**ez**
Ils/Elles parl**ent**	Ils/Elles aim**ent**

Attention :

- Les terminaisons **-e -es** et **-ent** ne se prononcent pas !
- Devant un verbe qui commence par une voyelle on utilise **j'** : *J'aime*.
- Avec un verbe qui commence par une voyelle ou h muet (**aimer, habiter**) on doit faire la liaison au pluriel :
  Nous‿aimons ; Vous‿aimez ; Ils / Elles‿aiment
  Nous‿habitons ; Vous‿habitez ; Ils / Elles‿habitent
- D'autres verbes du premier groupe : *étudier, regarder, écouter, chanter..*.

1 Conjugue les verbes, au présent.

HABITER	REGARDER	CHANTER
_____	_____	_____
_____	_____	_____
_____	_____	_____
_____	_____	_____
_____	_____	_____

2 Associe les verbes à l'infinitif à l'expression qui fait sens.

1 Parler
   a ☐ une histoire à quelqu'un
   b ☐ français avec son correspondant
   c ☐ à l'heure à un rendez-vous

2 Écouter
   a ☐ le professeur
   b ☐ un film à la télé
   c ☐ une bonne glace

3 Aimer
   a ☐ pour donner des nouvelles
   b ☐ faire du shopping
   c ☐ à un ami

4 Regarder
   a ☐ en train
   b ☐ dans une petite ville
   c ☐ un film à la télévision

5 Manger
   a ☐ parce qu'il pleut
   b ☐ avec des amis
   c ☐ son adresse

6 Habiter
   a ☐ dans un appartement
   b ☐ à l'heure
   c ☐ après le travail

7 Danser
   a ☐ pour demain
   b ☐ en train
   c ☐ sur de la musique classique

8 Arriver
   a ☐ en retard
   b ☐ sur la chaise
   c ☐ un mail à un ami

9 Travailler
   a ☐ dans un magasin
   b ☐ une émission à la radio
   c ☐ sous la table

10 Étudier
   a ☐ au football avec des copains
   b ☐ pour l'examen
   c ☐ au restaurant

3 **Relie par une flèche chaque sujet à sa forme verbale.**

1 Luc
2 Les enfants
3 Tu
4 Nous
5 Murielle
6 Vous
7 Nicole et Catherine
8 Je

a jouent.
b regardons les étoiles.
c aiment la glace à la vanille.
d habite à Paris.
e écoutes un CD?
f parle aussi anglais.
g aime bien danser.
h arrivez en retard.

4 **Souligne la forme correcte.**

1 J'*aime* / *aimes* le chocolat.
2 Nous *regardez* / *regardons* un beau film.
3 Marie *étudie* / *étudient* beaucoup.
4 Pauline et Julie *mange* / *mangent* une tarte aux pommes.

5 M. Duval *travaillent* / *travaille* aussi le samedi matin.
6 Vous *cherchent* / *cherchez* vos lunettes ?
7 Tu *joue* / *joues* avec nous ?
8 Ils *danse* / *dansent* bien.

5 **Conjugue les verbes**

1 Marie _____ (regarder) un film.
2 Vous _____ (habiter) à Grasse ?
3 Je _____ (écouter) de la musique.
4 Elles _____ (manger) trop.
5 Nous _____ (passer) la journée à la piscine.

6 Il _____ (jouer) avec son frère.
7 Les filles _____ (danser) le rock.
8 Nous _____ (arriver) à huit heures.
9 Tu _____ (raconter) cette histoire ?
10 Romain et Julie _____ (voyager) souvent.

6 **Mets les phrases au pluriel comme dans l'exemple**

Je pleure parce que le film est triste.
Nous pleurons parce que le film est triste.

1 J'oublie toujours de répondre à son message.
_____ .

2 Il arrive en retard au rendez-vous.
_____ .

3 Tu voyages en première classe.
_____ .

4 Ma copine achète un pantalon au marché.
_____ .

5 Le voisin raconte une histoire à son petit garçon.
_____ .

6 le boulanger travaille la nuit.
_____ .

7 J'habite dans un grand appartement.
_____ .

8 Tu manges avec nous dimanche midi ?
_____ ?

7 **Mets les phrases au singulier**

1 Les chevaux passent devant la maison.
_____ .

2 Vous n'étudiez pas pour demain ?
_____ ?

3 Les professeurs donnent des devoirs.
_____ .

4 Nous fabriquons un avion en papier.
_____ .

5 Les présentateurs animent la soirée.
_____ .

6 Vous parlez mais vous n'écoutez pas.
_____ .

7 Nous observons le tableau avec attention.
_____ .

8 Vous aidez les gens en difficulté.
_____ .

8 Trouve le sujet.

1 _____ invitons des amis à une fête.
2 _____ acceptent de venir avec moi.
3 _____ prépare un voyage à l'étranger.
4 _____ proposes d'aller au cinéma.
5 _____ gagnons toujours à ce jeu.

6 _____ lavons la voiture.
7 _____ rangent avant de partir.
8 _____ présentez un projet intéressant.
9 _____ consulte le dictionnaire.
10 _____ détestons ce film.

9 🎧 Écoute le CD et indique les liaisons que tu entends.

1 Ils aiment le chocolat.
2 Elles demandent un jus de fruit.
3 Nous entendons du bruit.
4 Elles habitent en face de l'école.

5 Vous arrivez à quelle heure ?
6 Il observe le tableau.
7 Nous étudions ensemble.
8 Ils racontent une blague.

10 🎧 Écoute le CD et complète les textes.

1 Marie _____ à Nice.
Elle _____ beaucoup la mer et
_____ souvent le port.
Elle _____ faire une longue
croisière, un jour ! Elle _____
écouter le bruit des vagues sur la plage.
Elle est un peu romantique !

2 Frédéric _____ beaucoup.
Il _____ découvrir les villes
et les gens. Il _____ anglais et
français. Il _____ ses aventures
dans le journal de son école.

3 Nous _____ la campagne. Nous
_____ un petit village dans le
sud de la France. Nous _____
beaucoup de temps dehors. Nous
_____ trois heures par jour. Nous
_____ tous les samedis des amis.

11 Complète le texte à l'aide des verbes proposés. Attention à bien conjuguer les verbes !

Le festival international de la bande dessinée d'Angoulême **(1)** _____ le principal festival de la bande dessinée francophone. Il se **(2)** _____ tous les ans au mois de janvier et **(3)** _____ une semaine. Il **(4)** _____ des expositions et les visiteurs **(5)** _____ à des spectacles dans toute la ville. Le jury du festival **(6)** _____ un prix aux meilleurs albums. À Angoulême il **(7)** _____ aussi un lycée très particulier : le lycée de l'Image et du Son. Dans ce lycée, les élèves se **(8)** _____ aux métiers de l'image.

(1) représenter – manger – pleurer
(2) observer – dérouler – rentrer
(3) photographier – travailler –durer
(4) proposer – laver – mélanger

(5) oublier – assister – téléphoner
(6) Donner – aider – parler
(7) exister – trouver – habiter
(8) – aimer – préparer – chanter

12 Trouve les 21 verbes en -**er** écrits horizontalement dans la grille.

A	S	T	R	A	V	A	I	L	L	E	R	H	A	B	I	T	E	R	A
J	U	O	L	F	G	W	D	O	N	N	E	R	M	N	Y	U	K	I	B
D	F	D	E	M	A	N	D	E	R	I	O	M	U	A	I	M	E	R	C
R	E	G	A	R	D	E	R	J	O	U	E	R	A	I	D	E	R	D	D
D	E	T	E	S	T	E	R	B	H	U	I	C	H	A	N	T	E	R	F
I	F	N	H	Y	T	S	B	C	H	D	Y	T	D	A	N	S	E	R	E
T	E	G	S	R	A	F	E	T	D	K	C	N	H	F	Y	T	D	R	H
G	T	H	I	N	V	I	T	E	R	L	P	R	E	P	A	R	E	R	I
F	A	I	R	E	V	E	N	L	J	Y	R	E	X	I	S	T	E	R	J
M	A	N	G	E	R	R	E	P	R	E	S	E	N	T	E	R	O	U	T
P	R	E	N	D	R	E	I	U	D	O	L	I	U	T	R	E	S	O	A
M	Y	F	U	I	G	A	G	N	E	R	G	T	E	R	A	N	G	E	R
A	C	G	T	E	C	A	C	C	E	P	T	E	R	L	O	U	I	T	K
H	Y	T	R	S	F	E	A	O	H	D	T	F	G	S	I	N	V	O	L
C	O	U	D	R	E	D	P	O	U	P	A	R	L	E	R	V	E	N	O
E	L	O	U	T	E	R	F	I	N	I	R	A	R	R	I	V	E	R	P

Le verbe *aller (à, au, aux, chez, en)*

- Le verbe *aller* est irrégulier:

ALLER	
Je vais	Nous allons
Tu vas	Vous allez
Il/Elle/On va	Ils/Elles vont

- Pour indiquer un lieu, on dit **aller à la / au /à l'**

Je vais à la piscine
(Nom féminin)

Je vais au cinéma
(Nom masculin)

Je vais à l'hôpital. (Nom
avec voyelle ou h muet)

- Pour indiquer une personne, on dit **aller chez** quelqu'un.

Je vais chez Pierre

Je vais chez le dentiste

Je vais chez elle

- Avec un nom de pays, on dit **aller**   **en** France. (Nom féminin)
  au Mexique. (Nom masculin)
  aux États-Unis. (Nom pluriel)

1   Relie par une flèche.

		va			Marc et Pierre		
tu	*nous*		il	vas			va
	↓					vais	
vous	*allons*	je		vont	Anne		allez

2   Conjugue le verbe *aller.*

1   Nous _____ en ville.

2   Tu _____ à l'école.

3   Julien _____ en Italie.

4   Les filles _____ à la piscine.

5   Alain et Pierre _____ à la plage.

6   Je _____ à la boulangerie.

3 Complète avec *aller à la / au / à l'*.

1   Je _____ cinéma voir un film en 3D.
2   Nous _____ fête d'Antoine.
3   Ils _____ école le samedi matin.
4   Marina _____ gymnase pour faire du sport.

5   Vous _____ supermarché.
6   Tu _____ maison en bus.
7   Luc et Stéphane _____ Université.
8   Dimanche, toute la famille _____ parc d'attraction.

4 Complète avec *aller chez / au*.

1   Tu _____ ta grand-mère.
2   Elles sont malades et _____ le médecin demain.
3   Les enfants _____ centre de vacances dès le mois de Juillet.
4   ma sœur _____ théâtre voir une pièce moderne.

5   Nous _____ le coiffeur.
6   Je _____ le professeur pour mes cours particuliers.
7   Vous _____ lui avec un cadeau pour sa fille.
8   Les filles _____ leur amie pour passer un moment ensemble.

5 Complète avec *en /au /aux*.

1   Marc va _____ Lituanie pendant les vacances.
2   Il aime aller _____ Norvège.
3   Il va _____ Canada voir ses cousins.
4   Nous allons _____ Russie l'été prochain.
5   Aller _____ Japon est un rêve pour lui.
6   Mes voisins prépare un voyage _____ Chine.
7   Il est ingénieur _____ Maroc.
8   Elle va _____ Corse en bateau.

9   Il va faire un an d'étude _____ Portugal.
10 _____ Espagne, on dit qu'il fait toujours beau.
11 Il y a des choses magnifiques à visiter _____ Italie.
12 Il doit aller _____ Angleterre pour son travail.
13 La famille Blanc habite _____ Belgique.
14 Je vais _____ Pays-bas pour la première fois.

6   Complète les phrases à l'aide des mots ci-dessous

1   Les filles vont à la _____ ce matin.
2   Julien et Thomas veulent aller au _____ avant la fermeture.
3   Je vais à l' _____.
4   Nous devons aller chez _____.

5   Ils préparent un voyage en _____.
6   Les élèves de cette classe vont à la _____ une semaine.
7   Vous ne pouvez pas aller aux _____.
8   C'est l'heure d'aller au _____.

1	A	mer	B	parc	C	boulangère
2	A	supermarché	B	salle de sport	C	dentiste
3	A	école	B	piscine	C	Angleterre
4	A	le parc	B	l'hôpital	C	les garçons
5	A	Turquie	B	Malte	C	Japon
6	A	France	B	Grèce	C	montagne
7	A	hôpital	B	magasin	C	États-Unis
8	A	jeux	B	travail	C	Université

7 Relie les éléments pour former des phrases.

Je	allons		le dentiste
Elle	allez	en	Italie (fém.)
Tu	vais	au	Portugal (masc.)
Nous	vont	aux	Marie
Ils	vas	chez	États-Unis
Vous	va		Suisse (fém.)

1 _____ .
2 _____ .
3 _____ .
4 _____ .
5 _____ .
6 _____ .

8 🎧 13 Remets les mots dans le bon ordre puis écoute le CD pour vérifier.

1 mercredi · Pierre · le · et · à · Justine · vont · la · piscine

_____

2 allons · avec · une · nous · filles · manger · les · glace

_____

3 chez · tu · le · vas · boucher ?

_____

4 le · visiter · nous · château · allons · Versailles · de

_____

5 dimanche · la · pique-nique · à · vont · campagne · ils · faire · un

_____

6 elles · aujourd'hui · où · vont ?

_____

7 supermarché · ma · les · au · courses · faire · maman · va

_____

8 cinéma · les · au · Delacroix · vont

_____

9 enfants · bien · vont · les

_____

10 au · Jean · en · travail · va · voiture

_____

9 Complète la grille avec le verbe aller.

10 Cette semaine tu as beaucoup de choses à faire. Regarde ton agenda et explique ce que tu dois faire. Fais des phrases avec le verbe *aller*.

Lundi, je vais à la piscine

_____
_____
_____
_____
_____

_____
_____
_____
_____
_____

La forme interrogative

Il existe 3 façons de former un phrase interrogative.
- Intonation : *Tu es français ?*
- Est-ce que : ***Est-ce que** tu es* français ?
- Inversion : ***Es-tu** français ?*

Attention :

- A l'inversion, pour **il/elle/on** si le verbe se termine par une voyelle, on ajoute **-t-**
  Aime-t-elle la musique ?

- Quand le sujet est un nom (commun ou propre) on ajoute le pronom pour former la question.
  Pierre *aime-t-il la musique ?*   Marie *mange-t-elle du pain ?*   chats *aiment-ils dormir ?*

Où ?   Quand ?   Comment ?   Pourquoi ?   Combien ?   se placent en début de phrase.
Où tu travailles ?   *Où est-ce que tu travailles ?*   *Où travailles-tu ?*

1 Reformule la question en utilisant *est-ce que.*

Elle va en ville ?
Est-ce qu'elle va en ville ?

1   Tu aimes le sport ?
_____ ?

2   Nous allons à la patinoire ?
_____ ?

3   Tu as faim ?
_____ ?

4   Vous marchez beaucoup ?
_____ ?

5   Papa travaille samedi ?
_____ ?

6   Elles habitent en Bretagne ?
_____ ?

7   Ils ont un petit frère ?
_____ ?

8   Vous regardez un film ?
_____ ?

9   Vous savez cuisiner ?
_____ ?

10   Nous partons en juillet ?
_____ ?

11   Julie est enseignante ?
_____ ?

12   Vous aimez la montagne ?
_____ ?

2 Reformule la question en utilisant l'inversion.

Il est à la maison ?
Est-il à la maison ?

1   Vous voyagez en train ?
_____ ?

2   Ils écoutent le concert à la radio ?
_____ ?

3   Nous invitons les Dupré ?
_____ ?

4   Tu achètes le pull bleu ?
_____ ?

5   Elles chantent dans ce groupe ?
_____ ?

6   Elle aime ce livre ?
_____ ?

7   Il va en ville ?
_____ ?

8   Il étudie dans sa chambre ?
_____ ?

9   Je suis dans ta classe ?
_____ ?

10   Il vient avec des amis ?
_____ ?

11   Nous partons avec vous ?
_____ ?

12   Tu as peur des chiens ?
_____ ?

3 Reformule la question en utilisant l'inversion. Attention, le sujet est un nom.

Marie mange de la glace.
Marie mange-t-elle de la glace ?

1 M. Dubois rentre demain.
_____ ?

2 André est au Brésil.
_____ ?

3 Marthe a envie de sortir.
_____ ?

4 Claire et Marine regardent un dessin animé.
_____ ?

5 Alain joue avec ses amis.
_____ ?

6 Les enfants sont au lit.
_____ ?

7 Pauline déménage.
_____ ?

8 Luc écoute un nouveau cd.
_____ ?

4 Complète les questions avec: *où, comment, quand, pourquoi*.

1 « _____ tu vas ? » « À Marseille. »

2 « _____ est-elle ? »
« Elle est petite et ronde. »

3 « _____ ils arrivent ? »
« Demain, à neuf heures. »

4 « _____ ils habitent ? »
« 10, rue du Lac, à Genève. »

5 « _____ mange-t-elle tous ces
gâteaux ? »
« Parce qu'elle est gourmande. »

6 « _____ venez-vous ? »

« Nous venons en train. »

7 « _____ est-ce qu'elle a rendez-vous
chez le dentiste ? »
« Mercredi à deux heures. »

8 « _____ aimes-tu Pierre ? »
« Parce qu'il a le sens de l'humour. »

9 « _____ allez-vous, Monsieur
Lacoste ? » « Très bien, merci, et vous ? »

10 « _____ regardez-vous ce film ? »
« Parce que j'aime beaucoup Daniel
Auteuil. »

5 🎧 14 Remets les mots dans le bon ordre puis écoute le CD pour vérifier.

1 la · est-ce que · cuisine · aimes · italienne · tu
_____ ?

2 à · rentrez · maison · la · vous · pourquoi
_____ ?

3 gare · où · la · est
_____ ?

4 Manon · au · amis · a · des · t · elle ·
Croisic
_____ ?

5 est-ce que · où · rendez-vous · avons · nous
_____ ?

6 tu · comment · prépares · est-ce que ·
recette · cette
_____ ?

7 Les · parlent · comment · anglais · ils ·
enfants · t
_____ ?

8 Pourquoi · Marie · vous · est-ce que · aidez
_____ ?

9 chez · passez · quand · vous · nous ?
_____ ?

10. Comment · t · il · rentre · lui · chez ?
_____ ?

6 🎧 15 Écoute le CD et réponds aux questions.

1 Comment s'appellent les deux copains ?
_____ .

2 Où va Luc ?
_____ .

3 Comment se déplace Luc ?
_____ .

4 Pourquoi Chloé remonte-t-elle à la maison ?
_____ .

5 Pourquoi Luc va-t-il se baigner ?
_____ .

La forme négative

La forme négative du verbe se construit en ajoutant :
* **ne ... pas** *« Il regarde le film ? »* *« Non, il **ne** regarde **pas** le film. »*
* **n' ... pas** devant une voyelle ou un h muet. *« Il aime le ski ? »* *« Non, il **n'**aime **pas** le ski. »*

Attention :

c'est → ce n'est pas
C'est une voiture ? » *« Non, **ce n'est** pas une voiture »*

1 Mets les phrases à la forme négative.

Daniel aime le sport.
Daniel n'aime pas le sport.

1 Il joue au tennis.
_____.

2 Il est maigre.
_____.

3 Il a beaucoup d'amis.
_____.

4 Il va au cinéma.
_____.

5 Il aime la cuisine exotique.
_____.

6 Il voyage.
_____.

7 Il parle anglais.
_____.

8 Il habite à Bordeaux.
_____.

9 Il aide souvent ses amis.
_____.

10 Il travaille bien.
_____.

2 Forme des phrases selon le modèle.

Marie française / canadienne.
Marie n'est pas française, elle est canadienne.

1 Hélène étudie à Paris / Rennes.
_____.

2 Nous allons faire du ski / faire de la moto.
_____.

3 Maurice est journaliste / photographe.
_____.

4 J'ai l'adresse de Martine / d'Hélène.
_____.

5 C'est un roman / une bande dessinée.
_____.

6 J'aime le football / le basket.
_____.

7 Tu organises un bal / une boum.
_____.

8 Nous voyageons en train / en avion.
_____.

9 Elle regarde Marc / Eric.
_____.

10 Ils écoutent le cd / la radio.
_____.

3 Mets les phrases à la forme négative.

1 C'est un ami.
_____.

2 C'est un gendarme.
_____.

3 C'est ma chanteuse préférée.
_____.

4 C'est un bonbon.
_____.

5 C'est mon école.
_____.

6 C'est mon anniversaire.
_____.

4 Choisis la bonne réponse.

1 « Tu es française ? »
je n'ai pas / je suis / je ne suis pas
« Non, _____ française. »

2 « Tu as des frères ? »
j'ai / je n'ai pas / je ne suis pas
« Non, _____ de frères. »

3 « Tu habites à Paris ? »
j'habite / je n'habite / je n'habite pas
« Non, _____ à Paris. »

4 « Tu aimes ce chanteur ? »
je n'aime pas/ j'aime/ j'aime pas
« Non, _____ ce chanteur. »

5 « Tu jettes ce carton ? »
je jette / je ne jette / je ne jette pas
« Non, _____ ce carton. »

6 « Tu invites les Dufour? »
j'invite / je n'invite / je n'invite pas
« Non, _____ les Dufour. »

7 « Tu vas au concert ? »
je ne vais pas / je vais / je vais pas
« Non, _____ au concert. »

8 « Tu laisses tes disques ? »
je ne laisse / je laisse / je ne laisse pas
« Non, _____ mes disques. »

9 « Tu aimes marcher ? »
j'aime / je n'aime pas / je n'aime
« Non, _____ marcher. »

10 « Tu as le temps ? »
je n'ai pas / j'ai / je suis
« Non, _____ le temps. »

11 « nous étudions dimanche ?
« n'étudiez / n'étudions /n'étudiez pas »
« Non, _____ dimanche.

5 🎧 ¹⁶ Remets les mots dans le bon ordre puis écoute le CD pour vérifier.

1 pas · vendredi · le · ne · libre · je · suis
· matin

_____
_____ .

2 pas · elles · ne · anglais · parlent

_____
_____ .

3 devoirs · ne · ses · Marie · pas · fait

_____
_____ .

4 le · dans · jouent · jardin · enfants · ne
· les · pas

_____
_____ .

5 nous · tu · ne · pas · restes · avec

_____
_____ .

6 à · vont · les · l'école · enfants · ne · pas
· aujourd'hui

_____
_____ .

7 ici · le · n' · pas · médecin · habite

_____
_____ .

8 le · télévision · la · soir · ne · ils · pas ·
regardent

_____
_____ .

9 n' · je · la · aime · fondue · pas

_____
_____ .

10 en · rentre · il · pas · ne · voiture

_____
_____ .

Oui, non, si / la forme interro-négative

- On utilise *oui* pour répondre affirmativement à une question.
  « Tu viens avec nous ? » « Oui, j'arrive. »

- On utilise *non* pour répondre négativement à une question.
  « Tu viens avec nous ? » « Non. »

- On utilise *si* pour répondre affirmativement à une question qui est à la forme négative.

- On appelle cette forme interro-négative.
  « Tu ne viens pas avec nous ? » « Si, je viens. »

Attention :

Les phrases avec un article partitif changent.
« Tu ne veux pas de sel ? » « Si, je veux du sel. »

FORME INTERROGATIVE (*un, une, des, du, de la, de l'*)	FORME INTERRO-NÉGATIVE (*ne... pas de*)
Tu as *un* stylo ?	Tu n'as pas *de* stylo ?
Tu veux *une* limonade ?	Tu ne veux pas *de* limonade ?
Tu as *des* amis à Paris ?	Tu n'as pas *d'*amis à Paris ?
Tu veux *du* café ?	Tu ne veux pas *de* café ?
Tu as *de la* farine ?	Tu n'as pas *de* farine ?
Tu as *de l'*eau ?	Tu n'as pas *d'*eau ?

1 Transforme ces phrases interrogatives en phrases interro-négatives.

1 Tu prends le bus ?
_____ ?

2 Tu vas au cinéma ?
_____ ?

3 On fait les devoirs ensemble ?
_____ ?

4 Il aime ces pantalons ?
_____ ?

5 Il suit ce programme ?
_____ ?

6 Marie met la table ?
_____ ?

7 Vous faites la vaisselle ?
_____ ?

8 Nous faisons nos bagages seuls ?
_____ ?

9 Vous prenez cet ordinateur ?
_____ ?

10 Tu lis ces journaux ?
_____ ?

2 Transforme ces phrases interrogatives en phrases interro-négatives. Attention aux articles !

1 Tu prends un thé froid ?
_____ ?

2 Tu manges des céréales ?
_____ ?

3 Tu bois du lait ?
_____ ?

4 Vous avez des devoirs ?
_____ ?

5 Elle veut du pain ?
_____ ?

6 Il prend de la viande ?
_____ ?

3 Réponds affirmativement aux questions.

« Tu n'aimes pas le sport ? »
« Si, j'aime le sport. »

1   Tu ne bois pas de lait ?

_____.

2   Tu ne regardes pas ce film ?

_____.

3   Elle ne veut pas de coca ?

_____.

4   Ils ne vont pas en Angleterre ?

_____.

5   Elle ne mange pas de légumes ?

_____.

6   Elle n'a pas d'argent ?

_____.

7   Il ne prend pas ses vitamines ?

_____.

8   Il ne fait pas de ski ?

_____.

9   Il n'a pas d'amis ?

10   Il ne fait pas de gymnastique ?

_____.

11   Il ne met pas de sel ?

_____.

12   Vous n'allez pas à la piscine ?

_____.

4 Trouve la question.

1   _____ ?

Si, je lui ai téléphoné hier soir.

2   _____ ?

Oui, il l'a acheté.

3   _____ ?

Si, nous l'avons étudié.

4   _____ ?

Oui, vous pouvez venir à 5 heures.

5   _____ ?

Si, elles sont allées en discothèque.

6   _____ ?

Si, je le trouve beau

7   _____ ?

Si, j'ai faim.

8   _____ ?

Si, je trouve ce match formidable.

9   _____ ?

Oui, il est mon meilleur ami.

10   _____ ?

Oui, je le trouve génial.

Se présenter, saluer, congédier

Se présenter

- Nom → *« Tu t'appelles comment ? »*   *« Je m'appelle Charles. »*
- Âge → *« Tu as quel âge ? »*   *« J'ai 15 ans. »*
- Adresse → *« Quelle est ton adresse ? »*   *« 20, rue de la Liberté. »*
- Nationalité → *« Quelle est ta nationalité ? »*   *« Je suis belge. »*
- Profession → *« Quelle est ta profession ? »*   *« Je suis lycéen. »*

Saluer

- Pour saluer quelqu'un on dit « Bonjour » à toutes les heures du matin et de l'après-midi jusqu'à ce qu'il fasse nuit. En fin d'après-midi quand il commence à faire nuit on dit « Bonsoir »

- Seulement dans les situations informelles on peut utiliser « Salut ! » le jour et la nuit.

Congédier

- Pour congédier on utilise « Au revoir » ou encore « Bonne journée » ou « Bonne soirée » en fonction de l'heure, éventuellement « À bientôt ».

- Seulement dans les situations informelles on peut utiliser « Salut ! » , éventuellement « À plus ! ».

1 Présente les personnages.

Yoko – japonaise
16 ans
étudiante

Frédérique – canadienne
30 ans
infirmière

Roland – français
50 ans
boulanger

Marcel- suisse
30 ans
ingénieur

Yoko _____
_____
_____

Frédérique _____
_____
_____

Lisa _____
_____
_____

Marcel _____
_____
_____

2 🎧 17 Écoute le CD et retrouve le bon dessin pour chaque présentation.

A ☐

B ☐

C ☐

D ☐

3 🎧 18 Complète les dialogues avec les formules de salutation, puis écoute le CD pour vérifier.

1 **Charles :** (1) _____ , Yvan !
  Yvan : (2) _____ , Charles ! Ça va ?
  Charles : On se voit au lycée ?
  Yvan : Oui, à tout à l'heure.
2 **M. Duval :** M. Grassin, (3) _____ !
  M. Grassin : (4) _____ M.Duval !
  M. Duval : Comment-allez-vous ?
  M. Grassin : Bien merci et vous ?
  M. Duval : Très bien.

3 **M.me Dufour :** (5) _____
  Le Boulanger : (6) _____ Madame
  Dufour. Que voulez-vous
  ce matin ?
  M.me Dufour : Une baguette et deux
  croissants s'il vous plaît.
  Le Boulanger : Voilà, merci, (7) _____
  M.me Dufour : Merci, (8) _____

4 🎧 19 Remets les phrases du dialogue dans l'ordre puis écoute le CD pour vérifier.

1 Salut !
☐ Marc et toi ?
☐ Moi, j'ai quinze ans…
☐ 15, rue du Bac.
☐ Quatorze ans, et toi ?
☐ Moi, Bernard.
☐ Moi aussi, j'habite à Paris !

☐ 17, rue de Rennes. Et toi ?
☐ Tu es français ?
☐ Non, je suis belge mais j'habite à Paris.
☐ Tu t'appelles comment ?
☐ Quel âge as-tu ?
☐ Salut !
☐ Tu habites où ?

5 Mathieu va s'inscrire au club de gym. Invente le dialogue entre Mathieu et la secrétaire.
Elle demande son nom, son adresse, son âge, etc…

_____
_____
_____
_____
_____

6 Imagine que tu entres dans une boulangerie en France et complète le dialogue.

Client : Bonjour
Boulanger : Bonjour, vous désirez ?
Client : (1) _____
Boulanger : Très bien. Avec ceci ?
Client : (2) _____
Boulanger : Voilà. 5,40 euro s'il-vous plait.
Client : (3) _____
Boulanger : Merci et bonnes vacances...
Vous êtes en vacances, non ?

Client : (4) _____
Boulanger : De quelle nationalité êtes-vous ?
Client : (5) _____
Boulanger : Oh vraiment ? J'adore ce pays...
Quelle ville habitez-vous ?
Client : (6) _____
Boulanger : Très bien ... Alors bon séjour !
Au revoir.
Client : (7) _____ !

7 Complète le formulaire d'inscription pour trouver un correspondant en langue française sur internet.

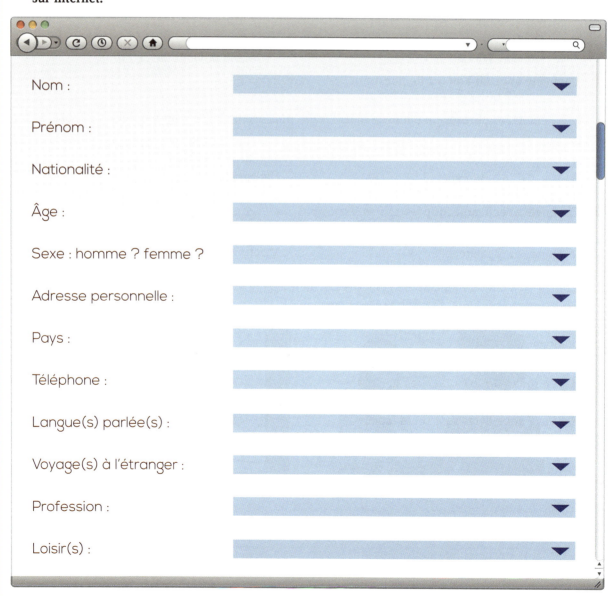

Nom :

Prénom :

Nationalité :

Âge :

Sexe : homme ? femme ?

Adresse personnelle :

Pays :

Téléphone :

Langue(s) parlée(s) :

Voyage(s) à l'étranger :

Profession :

Loisir(s) :

Adjectifs démonstratifs et adjectifs possessifs

	SINGULIER	PLURIEL
MASCULIN	ce, cet	ces
FÉMININ	cette	

Les adjectifs démonstratifs permettent de faire référence à quelqu'un ou quelque chose.

Attention :

Devant un nom masculin qui commence par une voyelle ou un h muet, on écrit **cet**.
Cet immeuble   Cet hôtel

SINGULIER		PLURIEL	
FÉMININ	MASCULIN	FÉMININ	MASCULIN
ma, mon	mon	mes	
ta, ton	ton	tes	
sa, son	son	ses	
notre		nos	
votre		vos	
leur		leurs	

Les adjectifs possessifs indiquent un lien d'appartenance.

Attention :

Devant un mot féminin qui commence par une voyelle ou un h muet, on écrit **mon, ton, son**.
Mon école   Ton amie   Son histoire

1 Complète avec un adjectif démonstratif : *ce, cet, cette* ou *ces*.

1	_____ livre	6	_____ clés	11	_____ histoire
2	_____ aéroport	7	_____ stylos	12	_____ agenda
3	_____ voiture	8	_____ cassette	13	_____ lettre
4	_____ femme	9	_____ gomme	14	_____ fille
5	_____ homme	10	_____ chaussures	15	_____ vestes

2 Complète avec l'adjectif possessif *sa, son, ses*.

1	_____ livre	6	_____ clés	11	_____ histoire
2	_____ aéroport	7	_____ stylos	12	_____ agenda
3	_____ voiture	8	_____ cassette	13	_____ lettre
4	_____ femme	9	_____ gomme	14	_____ fille
5	_____ homme	10	_____ chaussures	15	_____ parents

3 Souligne la forme correcte.

« C'est ton / *ta* voiture ? »

1 Ce sont *leurs / leur* affaires ?
2 *Ta / ton* blouson est sale.
3 *Vos / votre* livres sont sur la table.
4 *Sa / son* vélo est dans le garage.

5 *Leur / leurs* chien est dans sa niche.
6 *Son / sa* ami habite à Angoulême.
7 *Tes / ton* skis sont trop longs.
8 *Notre / nos* chambre est lumineuse.

4 Forme des phrases selon le modèle.

Cette gomme est à moi.
C'est ma gomme.
Ces affaires sont à Marie.
Ce sont ses affaires.

1 Ce stylo est à toi.
_____ .

2 Cette voiture est à mon père.
_____ .

3 Ces clés sont à Pierre et Michèle.
_____ .

4 Ce jardin est aux Duval.
_____ .

5 Ce livre est à Sophie.
_____ .

6 Ces lunettes sont à moi.
_____ .

7 Ce disque est à Pauline et Marc.
_____ .

8 Cette auto est à M. Michard.
_____ .

9 Ces ballons sont aux enfants.
_____ .

10 Cette classe est à nous.
_____ .

5 Regarde les dessins et complète les phrases, en utilisant les adjectif possessifs.

Sur le lit de Paul, il y a :
ses _____

Sur le bureau de Sophie, il y a :
_____

Sur la chaise de Clara, il y a :
_____

Dans le garage de Justine, il y a :
_____

6 🎧 ²⁰ Écoute le CD et souligne l'expression que tu entends.

1 cette maison / ces maisons
2 cet homme / ces hommes
3 ce garage / ces garages
4 ces enfants / cet enfant
5 ces amis / cette amie

6 ce montre / ces montres
7 cet ordinateur / cette ordinateur
8 ces pantalons / ce pantalon
9 cette émission / cet émission
10 ce animal / cet animal

7 La famille Mercier part en vacances ! Lis le dialogue et complète avec les adjectifs possessifs ou démonstratifs corrects.

Mme Tissier : Christelle, c'est **(1)**_____ valise ?

Christelle : Oui maman, c'est **(2)**_____ valise !

Mme Tissier : Et **(3)**_____ sac, il est à **(4)**_____ frère ?

Paul : Mais non, **(5)**_____ sac est là, dans l'entrée, à côté de **(6)**_____ blouson et de **(7)**_____ chaussures.

Christelle: Je ne trouve pas **(8)**_____ carte d'Identité !

Mme Tissier : Chérie, **(9)**_____ papiers sont sur table, là, avec **(10)**_____ Mp3 !

M. Tissier : Qui a **(11)**_____ billets ?

Mme Tissier : Tous **(12)**_____ billets sont dans **(13)**_____ enveloppe.

M. Tissier : Les enfants, **(14)**_____ affaires sont prêtes ?

Paul : Maman ! je prends **(15)**_____ écharpe ?

Christelle : Maman! Où est **(16)**_____ blouson?

Mme Tissier : Demandez à **(17)**_____ père. Moi aussi, je dois préparer **(18)**_____ affaires.

M. Tissier : Christelle , cherche **(19)**_____ blouson, vite. Paul, aide-moi à porter **(20)**_____ valises.

Paul : une minute, je changes **(21)**_____ chaussures

Christelle : Finalement, je préfère prendre **(22)**_____ anorak -là.

M. Tissier : Bon... Est-ce que **(23)**_____ mère est prête ?

Mme Tissier : Presque ! Et les enfants alors, ils ont finit avec **(24)**_____ chaussures et **(25)**_____ blousons et sont prêts à partir ?

Les enfants : Presque !

Mme Tissier : Bon, où est **(26)**_____ appareil photo ? vous avez **(27)**_____ appareil photo ?

Paul : Non maman !

Christelle : Moi, je ne l'ai pas...

M. Tissier : Il n'est pas dans **(28)**_____ valise ?

Mme Tissier : **(29)**_____ vacances commencent mal !

37

0	zéro	10	dix	20	vingt	30	trente
1	un	11	onze	21	vingt et un	40	quarante
2	deux	12	douze	22	vingt-deux	50	cinquante
3	trois	13	treize	23	vingt-trois	60	soixante
4	quatre	14	quatorze	24	vingt-quatre	70	soixante-dix
5	cinq	15	quinze	25	vingt-cinq	80	quatre-vingt
6	six	16	seize	26	vingt-six	90	quatre-vingt-dix
7	septembre	17	dix-sept	27	vingt-sept	100	cent
8	huit	18	dix-huit	28	vingt-huit		
9	neuf	19	dix neuf	29	vingt-neuf		

1 Trouve les 10 nombres cachés dans le serpent.

truoprundeuxfrtreizegrenimseptiluahuitdixvinatrentecinqquarantedropiutecixnvingtetunbcent

2 🎧²¹ Écoute le CD et écris les nombres en chiffres puis en lettres.

1	_____	11	_____
2	_____	12	_____
3	_____	13	_____
4	_____	14	_____
5	_____	15	_____
6	_____	16	_____
7	_____	17	_____
8	_____	18	_____
9	_____	19	_____
10	_____	20	_____

3 🎧²² Écoute le CD et écris les nombres en lettres puis en chiffres.

1	_____	6	_____
2	_____	7	_____
3	_____	8	_____
4	_____	9	_____
5	_____	10	_____

4 🎧²³ Écoute le CD et entoure les nombre que tu entends.

1 six / seize   5 soixante-dix / soixante-douze

2 un / onze   6 cinq-cent / cent-cinq

3 deux / douze   7 quatre-vingt treize / quatre-vingt trois

4 sept / cent   8 soixante-seize / soixante-sept

5 Trouve le résultat de ces opérations et écris-les en lettres.

5 x 5 =   *25 vingt-cinq* _____

1   9 x 9 =   _____
2   7 x 4 =   _____
3   12 x 3 =   _____
4   64 + 15 =   _____
5   47 – 9 =   _____
6   12 + 7 =   _____
7   53 + 9 =   _____
8   90 + 9 =   _____

9   97 + 10 =   _____
10 6 x 7 =   _____
11 121 : 11 =   _____
12 900 + 100 =   _____
13 7 x 3 =   _____
14 10 + 20 =   _____
15 9 : 3 =   _____
16 4 + 3 =   _____

6 Regarde le dessin et dis le nombre d'objets.

1   verres ?   _____

2   assiettes ?   _____

3   bouteilles ?   _____

4   fourchettes ?   _____

5   cuillères ?   _____

6   couteaux ?   _____

7   torchons ?   _____

8   cartes postales ?   _____

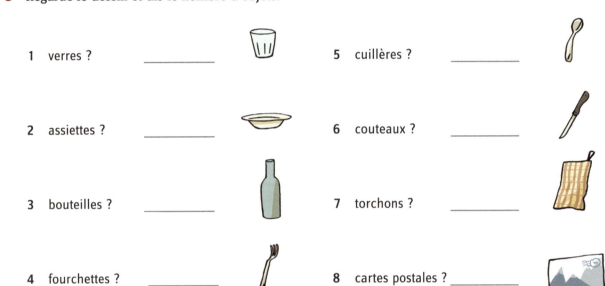

Pour demander l'heure, on dit : *« Quelle heure est-il ? »*
On répond : *« Il est...»*

 Il est neuf heures.　　　　　Il est vingt et une heure.

 Il est neuf heures cinq.　　　Il est vingt et une heuress cinq.

 Il est neuf heures dix.　　　　Il est vingt et une heuress dix.

 Il est neuf heures et quart.　　Il est vingt et une heures quinze.

 Il est neuf heures vingt.　　　Il est vingt et une heures vingt.

 Il est neuf heures vingt-cinq.　Il est vingt et une heures vingt-cinq

 Il est neuf heures et demie/trente.　Il est vingt et une heures trente.

 Il est dix heures moins vingt-cinq.　Il est vingt et une heures trente-cinq.

 Il est dix heures moins vingt.　Il est vingt et une heures quarante.

 Il est dix heures moins le quart.　Il est vingt et une heures quarante-cinq.

 Il est dix heures moins dix.　Il est vingt et une heures cinquante.

 Il est dix heures moins cinq.　Il est vingt et une heures cinquante-cinq.

 Il est dix heures　　　　　Il est vingt-deux heuress.

Il est midi.　　　　　　　Il est minuit.

Attention :

On utilise : **douze, treize, quatorze, quinze, seize, dix-sept, dix-huit, dix-neuf, vingt, vingt et une, vingt-deux, vingt-trois, vingt-quatre heures** pour indiquer l'heure d'un horaire officiel (train, programme télé, etc.).

1 Quelle heure est-il ? Écris la réponse en lettres.

18 : 30

1 *Il est* _____

13 : 50

2 _____

19 : 15

3 _____

16 : 40

4 _____

09 : 55

5 _____

14 : 10

6 _____

06 : 45

7 _____

11 : 25

8 _____

2 Indique par un dessin l'heure des trains pour Paris.

1 quinze heures trente.

2 Treize heures quinze.

3 Dix-sept heures vingt.

4 Quinze heures dix.

5 Seize heures vingt-cinq.

6 dix-sept heures trente cinq.

7 Dix-huit heures quarante.

8 Dix-neuf heures quarante-cinq.

9 Vingt heures dix.

10 Quatorze heures cinq.

3 🎧²⁴ Écoute le CD et dessine les heures indiquées.

1   2   3   4   5   6

4 🎧²⁵ Écoute le Cd et coche les bonnes réponses.

1 À quelle heure Paul a-t-il son train ?
☐ 6.25   ☐ 7.25

2 Quelle heure est-il ?
☐ 7.07   ☐ 7.16

3 À quelle heure Paul arrive-t-il à Nice ?
☐ 11.45   ☐ 11.04

4 À quelle heure Paul change de train?
☐ 10.30   ☐ 10.50

5 Les parents de Paul arrivent à
☐ 15. 05   ☐ 15.55

6 Le train de Lyon est à
☐ 7.32   ☐ 16 :32

Situer dans l'espace

Pour indiquer la présence de quelqu'un ou quelque chose on utilise : **Il y a** (invariable)
Il y a des filles et des garçons.
Il y a une table pour travailler.

Pour situer dans l'espace on utilise les prépositions de lieu:

Sur	Sous	Dans

*Le ballon est **sur** le cube*

*Le ballon est **sous** le cube*

*Le ballon est **dans** le cube*

Derrière	Devant	Entre	À côté (de)

*Le ballon est **derrière**
le cube.*

*Le ballon est **devant**
le cube*

*le ballon est **entre**
deux cube*

*Le ballon est **à côté**
du cube*

1   Regarde les dessins et complète les phrases.

1   Les enfants sont _____ le jardin**.**

4   La fontaine est _____ les maisons.

2   Le pull est _____ la chaise.

5   Le stylo est _____ du livre.

3   Le chat est _____ la table.

6   Marc est _____ le cinéma

2 Regarde le dessin et décris-le.

Il y a un garçon dans la voiture. _____

_____

_____

_____

_____

3 ²⁶ Remets les mots dans le bon ordre puis écoute le CD pour vérifier.

1 dans · sont · le · les · cahier · exercices

_____ .

2 garage · la · le · voiture · est · dans

_____ .

3 cinéma · la · du · boulangerie · à côté · est

_____ .

4 sont · les · la · enfants · télévision · devant

_____ .

5 derrière · sac à dos · ton · le · est · divan

_____ .

6 sur · les · la · sont · verres · table

_____ .

7 ta · les · jouets · chaise · sont · sous

_____ .

8 a · sur · un · Marc · beau · le · poster · mur

_____ .

4 ²⁷ Écoute le CD et complète les phrases.

Bonjour messieurs-dames. Nous sommes
_____ l'Hirondelle, bateau-mouche qui
vous donne une vue exceptionnelle de Paris.
Nous sommes _____ du Pont-Neuf,
le plus vieux pont de Paris. _____ vous,
l'Île St-Louis est un quartier très recherché.
Nous passons sous le Pont St-Louis.
_____ votre droite , admirez l'Hôtel de
ville, centre administratif de Paris. _____,
le Louvre où vous pouvez admirer la Joconde
de Léonard de Vinci. _____ le Louvre et
la Concorde, _____ le jardin des Tuileries.
La Place de la Concorde est célèbre pour son
obélisque que l'Égypte a offert à Napoléon 1er.
De l'autre côté, vous avez le Musée d'Orsay,
une ancienne gare transformée en musée.
Nous avançons un peu et admirez, _____
vous, la magnifique tour Eiffel.

Exprimer le moment

LES MOIS			
Janvier	Avril	Juillet	Octobre
Février	Mai	Août	Novembre
Mars	Juin	Septembre	Décembre

LES SAISONS			
Printemps	Été	Automne	Hiver

Se situer dans le temps

- Pour indiquer l'antériorité on utilise *avant*
  Il fait ses devoirs avant de diner
- Pour indiquer la simultanéité on utilise *pendant*
  On ne doit pas parler pendant les cours
- Pour indiquer la postériorité on utilise *après*
  Après les vacances, il faut reprendre le travail.

1 Cherche dans la grille les 12 mois de l'année et les 4 saisons.

```
S E P T E M B R E F E H R Y U I
O T O M N I C M V E Q U I I F L
C A C O I O F G A V Q C I V L P
T O Y J A N V I E R U J D J E P
O W E U Z E R E T V S A M U J R
B A S I N B R U M E O U N I U I
R M Z N D E C E M B R E T L T N
E A V R I L A C A N R D E L R T
Q I E R T Y U I O P L E T E E E
A S D F G U O I P F A O U T D M
H A Q T I U Y D X C V M F H A P
I T E R T E A U T O M N E C V S
```

2 Pour chaque photo, écris le nom de la saison qui correspond.

1 _____   2 _____   3 _____   4 _____

3 Complète le texte avec les bonnes prépositions.

(1)_____ Juillet c'est mon anniversaire et j'organise une fête avec mes amis ! nous faisons un pic-nic dans mon jardin et ensuite nous allons à la piscine. Je suis né (2)_____ 15 juillet mais la fête est (3)_____ 4 parce qu'après, tout le monde va en vacances ! Avec mes parents nous allons à la mer, nous partons (4)_____ 6 juillet. Je préfère partir (5)_____ août et je préfère la montagne, mais mon père dit que nous pouvons profiter de la montagne (6)_____ hiver quand il y a de la neige. Moi, je trouve la montagne plus belle (7)_____ été ou (8)_____ printemps !

4 🎧²⁸ Écoute le CD et complète les phrases.

1 Marine est née _____

2 Mon mois préféré est le mois de

   _____

3 _____ on change d'heure.

4 _____ , les journées sont courtes.

5 Le _____ commence _____

6 _____ est le dernier mois de l'année.

7 _____ il y a 28 jours.

8 Il y a un proverbe qui dit : « _____ , fais ce qu'il te plaît ! »

5 Complète les phrases en t'aidant des dessins.

FÉVRIER
15
16

1 Marine va chez le médecin

_____

La fête de la musique
21 juin

3 La fête de la musique c'est

_____

MARS
2012
DI LU MA ME JE VE SA
1 2 3
4 5 6 7 8 9 10

2 Ils travaillent depuis

_____

fête l'EUROPE !
9 mai

4 _____

   c'est la fête de la citoyenneté européenne.

6 Complète les phrases avec *avant, pendant* et *après*.

1 Marc finit l'école à 17h00. Il joue au foot à 17h30.
   Marc joue au foot ___*après*___ les cours.

2 Je suis plus âgée que toi.
   Je suis né _____ toi.

3 Mireille travaille beaucoup et n'a pas le temps d'aller au cinéma.
   Elle va au cinéma _____ les vacances.

4 Ma cousine de Bretagne vient en juillet.
   Ma cousine de Bretagne vient _____ l'été.

5 Il déjeune et va travailler.
   Il déjeune _____ d'aller travailler.

6 Nous visitons le parc lundi et les musées mardi.
   Nous visitons les musées _____ le parc.

Les verbes irréguliers *faire, venir, dire.*

Les verbes *faire*, *venir* et *dire* sont très courants. Voici leur conjugaison au présent :

FAIRE	VENIR	DIRE
je fais	Je viens	Je dis
Tu fais	Tu viens	Tu dis
Il/Elle/On fait	Il/Elle/On vient	Il / Elle /On dit
Nous faisons	Nous venons	Nous disons
Vous faites	Vous venez	Vous dites
Ils/Elles font	Ils/Elles viennent	Ils / elles disent

1 Complète le tableau en plaçant les expressions données sous le verbe qui convient.

> la vérité   des courses pour le diner   au cinéma avec nous
> ses devoirs pour le lendemain   du shopping le samedi après-midi
> l'heure   au rendez-vous   quelque chose à quelqu'un   en trein

Faire	Venir	Dire
_____	_____	_____
_____	_____	_____
_____	_____	_____

2 Conjugue avec le verbe *faire*.

1 Martine _____ ses devoirs pour demain

2 Nous _____ attention de ne pas tomber.

3 Tous les ans, ces classes _____ des voyages magnifiques.

4 Aujourd'hui, les garçons _____ du shopping.

5 Je ne _____ pas de cuisine car nous mangeons au restaurant.

6 Tu _____ des courses au supermarché.

7 On _____ de la danse tous les samedis.

8 Mes grands-parents _____ une fête pour leur anniversaire de mariage.

9 Vous _____ du bruit avec votre voiture !

10 Nous _____ un spectacle de fin d'année.

3 Conjugue avec le verbe *venir*.

1 Les Mercier _____ dîner à la maison ce soir.

2 Tu _____ avec moi à la piscine ?

3 Nous _____ par le train de 14.30.

4 Mon professeur _____ à l'école en vélo.

5 Je _____ faire mes devoirs avec toi.

6 Vous _____ à pied ou en voiture ?

7 On _____ avec des cadeaux à ta fête.

8 Pourquoi ne _____ -vous pas nous rendre visite ?

9 Nous _____ de voir Paul.

10 Est-ce que tu _____ avec nous à la bibliothèque ?

4 Conjugue avec le verbe *dire.*

1 Nous _____ souvent oui.
2 le professeur _____ toujours qu'il faut travailler.
3 Tu ne _____ rien, d'accord ?
4 Ils _____ que leur maison est grande.
5 Vous _____ ?
6 Est-ce qu'on _____ du mal de moi ?
7 Mes amis _____ rentrer plus tard.
8 Pourquoi ne _____ tu pas la vérité ?
9 je ne comprends pas : Elles l'écrivent ou elles le _____ ?
10 Vous ne _____ pas pourquoi vous venez.

5 Conjugue les verbes.

1 Marie _____ (venir) avec nous.
2 Son frère _____ (faire) peu de sport.
3 Tu _____ (venir) au cinéma ?
4 Est-ce que vous _____ (faire) du sport ?
5 Nous ne _____ (faire) pas l'examen.
6 Je _____ (faire) un cadeau à Jean.
7 Je _____ (venir) avec vous au cinéma.
8 Vous _____ (venir) en France tous les ans.

6 Complète avec les sujets.

| Ce film | ma sœur et moi | Je | tu | Luc |
| Aude | tes parents et toi | les garçons de ma classe | | |

1 _____ fait peur aux enfants.
2 _____ faisons nos valises pour le départ.
3 _____ viens de quel pays ?
4 _____ vient avec son fils.
5 _____ venez quand vous voulez.
6 _____ viennent souvent ici pour jouer au foot.
7 _____ dit toujours la même chose.
8 _____ dis que je suis d'accord.

7 Écris les pronoms sujets et invente la fin des phrases.

1 _____ venons
_____
2 _____ fait
_____
3 _____ faisons
_____
4 _____ venez
_____
5 _____ viennent
_____
6 _____ faites
_____
7 _____ font
_____
8 _____ viens
_____

8 🎧²⁹ Complète le texte avec les verbes suivants, puis écoute le CD pour vérifier.

venir (x 2)   préparer   inviter   aider   cuisiner   faire (x4)   adorer   aller (2)   jouer.

Ce soir les Durand (1) _____ à la maison pour dîner. Quand maman (2) _____ des amis, elle (3) _____ des bonnes choses ! J' (4) _____ à préparer la table et, avec ma sœur, nous (5) _____ aussi des gâteaux. On (6) _____ recevoir des invités le vendredi soir parce qu'on (7) _____ la fête et on (8) _____ dormir tard ! Souvent, après le dîner, nous (9) _____ car Monsieur Durand (10) _____ toujours avec des jeux de société ou des cartes. Monsieur et Madame Durand (11) _____ aussi des tours de magie avec les cartes. Vous aussi vous des soirées avec vos amis? (12) _____

Les verbes impersonnels simples

Un verbe impersonnel est un verbe qui ne se conjugue qu'à la troisième personne singulier. Le sujet *il* ne désigne ni une personne ni une chose. Parmi les verbes impersonnels on compte:

- **il y a**
  Pour indiquer l'existence d'une personne ou d'une chose.

  Il y a un chien sur la route.

- **il faut**
  Pour exprime une obligation.

  Il faut partir avant la nuit.

- **Les verbes météo.**

| *il pleut* | *il neige* | *il fait beau* | *il fait chaud.* | *il fait froid* |

| *il gèle* | *il grêle* | *il tonne* | *il y a du brouillard* | *il y a du vent* |

1 Souligne les verbes impersonnels.

Martin a rendez-vous à 18.00. Il regarde dehors avant de sortir. Il neige ! Il est content. Il prend un parapluie et des gants et il va à son rendez-vous chez Sophie. Sur le chemin, il fait des boules de neige, il regarde le beau paysage. Il y a beaucoup d'enfants dans les rues qui jouent avec la neige. Mais il est prudent car s' il fait froid et il y a du vent, peut-être qu'il gèle aussi. Martin arrive chez Sophie, il est en retard mais Sophie est à la porte, elle dit : « Viens vite ! Il fait plus chaud à la maison ! »

2 Complète les phrases en t'aidant des dessins.

1 _____ depuis ce matin sur le Jura

3 Ferme les fenêtres parce qu' _____ _____ .

2 La tempête est violente, _____ _____ !

4 La température est très basse, _____ _____ !

5 À la campagne, les orages sont très forts, quand _____ , j'ai un peu peur.

6 Aujourd'hui, l'aéroport est fermé parce _____ .

7 _____ Nous ne pouvons pas prendre la voiture.

8 On va à la piscine ? _____ .

3 Complète les phrases avec *il y a* et *il faut*

Il faut du courage pour sauter à l'élastique dans le vide.

1 _____ du monde dans les rues, ce soir !

2 _____ aller chercher Marie à la bibliothèque .

3 _____ souvent lui expliquer deux fois les choses.

4 Demain, _____ se lever de bonne heure.

5 _____ toujours du bon pain dans cette boulangerie

6 _____ des lunettes sur la table, elles sont à toi ?

4 🎧 ³⁰ Écoute le CD et complète le texte.

1 Aujourd'hui, _____ sur le nord de la France et _____ sur presque tout le pays.

2 Souvent, en mars, _____ .

3 L'été _____ , heureusement à la mer _____ .

4 _____ parce qu' _____ et _____ .

5 _____ , tu viens marcher avec moi ?

6 Quelle tempête ! Écoute _____ !

5 Écris quelques phrases en utilisant des verbes impersonnels simples

49

Écrire une lettre amicale, une carte postale

Pour écrire une lettre amicale

Il faut respecter certaines règles.

- Le lieu et la date :
  Dijon, le 22 octobre 20….

- Le destinataire :
  Cher Pierre; Chère Marie; Chers amis;
  Chères Delphine et Julie…

- Les salutations :
  Grosses bises ; À bientôt…

- La signature :

Pour écrire une carte postale

Il faut mettre :
- L'adresse du destinataire :

Famille Tourbin,
8, rue du Port
13001 Marseille
FRANCE.

- Les salutations :
  Grosses bises ; À bientôt…

- La signature:

1 Recopie les mots suivants à leur place sur la carte postale.

nom   adresse   code postal   message signature   timbre

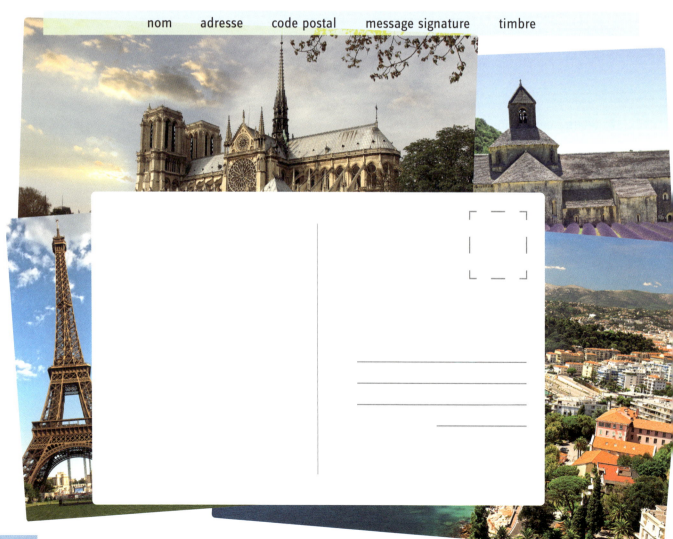

2 Complète la carte postale avec les éléments suivants.

Famille Lucas	F-91000 Evry	9, rue Flaubert	Bisous à tous
Venez me chercher à la gare lundi prochain à 18h15		Simon	Marseille, le 15 juillet

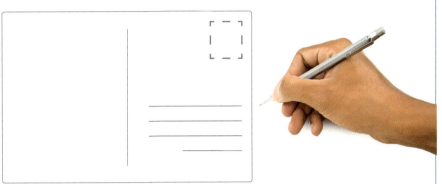

3 Tu es en vacances, écris une carte postale à un copain ou une copine.

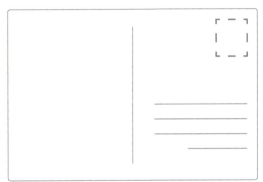

4 Lis la lettre et réponds par vrai ou faux.

Dijon, le 13 mars 2014

Cher Yann,

Maintenant que tu habites à Paris, nous pouvons nous écrire pour rester en contact. Comment est ta nouvelle maison ? Comment est le quartier ?

Et les copains ? Ta nouvelle école, elle te plaît ?

Réponds-moi vite.

Je t'attends à Pâques !

À bientôt,
Pascal

		V	F			V	F
1	Cette lettre est adressée à Pascal.	☐	☐	5	Dans la lettre, il y a 5 questions.	☐	☐
2	Elle est datée du 13 mai.	☐	☐	6	Ils doivent se voir à Pâques.	☐	☐
3	Yann habite à Paris.	☐	☐	7	Yann va chez Pascal à Pâques.	☐	☐
4	Pascal habite à Paris.	☐	☐	8	Yann et Pascal sont copains.	☐	☐

5 Complète avec *cher, chère, chers, chères.*

1 _____ papa
2 _____ maman
3 _____ enfants
4 _____ amies
5 _____ grands-parents

6 _____ cousine
7 _____ madame
8 _____ monsieur
9 _____ Hélène et Mathieu
10 _____ Martine

6 Écris une lettre à une personne de ta famille, puis note son nom et son adresse sur l'enveloppe.

7 Complète la lettre en utilisant les verbes indiqués opportunément conjugués.

arriver   venir (x2)   voyager   préparer   marcher

Lyon, le 18 avril 20

Cher Marc,
Merci pour ton invitation ! Je suis heureuse de _____ chez toi pour une semaine.
Je _____ lundi 7 avec le train de 9 heures et j' _____ à Paris gare
de Monparnasse à 11 heures. Ne _____ pas me chercher ! Je préfère _____.
D'ici là je _____ le programme touristique !

À bientôt, Bises
Jade.

8 Relis la lettre de l'exercice précédent et réponds aux questions.

1 Qui écrit ?
_____

2 À qui ?
_____

3 D'où ?
_____

4 Quand ?
_____

9 Dis si les affirmation sur la lettre de Jade sont vraies ou fausses.

		V	F
1	Jade habite Paris.	☐	☐
2	Elle part lundi.	☐	☐
3	Elle arrive à 9 heures.	☐	☐

		V	F
4	Marc attend Jade à la gare.	☐	☐
5	Jade va à l'hôtel.	☐	☐
6	Marc choisit le programme.	☐	☐

Le présent des verbes en *-ir* (2ème groupe)

FINIR

Je fini**s**
Tu fini**s**
Il/Elle/On fini**s**
Nous finis**sons**
Vous finis**sez**
Ils/Elles finis**sent**

Voici d'autres verbes du 2ème groupe se conjugant comme *finir* :
Choisir, Agir, Réussir, Réfléchir, Bâtir, Maigrir, Remplir, Agrandir, Rougir, Definir.

Attention :

Tous les verbes en *-ir* n'appartiennent pas au 2ème groupe.
Il existe des verbes en *-ir* qui appartiennent au 3ème groupe et suivent une autre conjugaison.

1 **Relie par une flèche les sujets à leur forme verbale.**

Je   finissons   →*finit*   finissez   Vous   finis
Elles   finis   Il   Ils   finissent   Tu   Nous   finissent

2 **Associe les verbes à l'expression qui fait sens.**

1 Finir a☐ ses devoirs
      b☐ au supermarché
      c☐ du bruit

2 Choisir a☐ à un problème important
       b☐ à un examen
       c☐ un métier

3 Grossir a☐ sans réfléchir
       b☐ Parce qu'on mange trop
       c☐ une maison

4 Réfléchir a☐ à un problème important
        b☐ un projet
        c☐ son ami

5 Définir a☐ des fleurs
       b☐ avec sa famille
       c☐ une date pour un rendez-vous

6 Agir a☐ sans réfléchir
      b☐ une voiture
      c☐ à une grande fête

3 **Conjugue avec le verbe *Choisir* .**

1 Elles _____ l'atelier cuisine.
2 Nous _____ la solution de facilité.
3 Je _____ de travailler la nuit.
4 Il _____ deux croissants et une brioche.
5 Vous _____ de ne pas revenir.

6 Que _____ - tu ? Le rouge ou le blanc.
7 On _____ de manger au restaurant.
8 _____ - vous de rester ?
9 Nous _____ nos amis avec soin.
10 Mon frère _____ la Fac de médecine.

4 **Mets au pluriel comme dans l'exemple.**

Cette plante fleurit au printemps.
Ces plantes fleurissent au printemps.

1 Il faiblit s'il ne mange pas.

_____

2 Tu garantis la qualité du produit.

_____

3 J'obéis au professeur.

_____

4 L'arbre jaunit en automne.

_____

5 La voisine rougit quand elle parle.

_____

6 Tu unis tes forces pour réussir.

_____

5 **Mets au singulier**

1 Vous ne vieillissez pas !

_____ !

2 Les chocolats ramollissent avec la chaleur.

_____ .

3 Nous définissons ce projet.

_____ .

4 Les Bandes Dessinées me divertissent beaucoup.

_____ .

5 Vous bâtissez seuls votre maison.

_____ .

6 Nous remplissons les verres des invités.

_____ .

6 **Conjugue les verbes entre parenthèses.**

Je finis (finir) mon travail.

1 Elle _____ (choisir) une belle robe ?

2 Les ouvriers _____ (bâtir) un nouvel hôpital.

3 Je _____ (maigrir) parce que je suis au régime.

4 Nous _____ (finir) nos exercices.

5 Pierre et Julien _____ (réfléchir) aux problèmes de calcul.

6 Tu _____ (grandir) à toute vitesse !

7 Rémi _____ (réagir) comme un adulte.

8 Les élèves de Mme Raquin _____ (obéir) toujours.

9 Laure ne _____ (rougir) pas facilement.

10 Nous _____ (agrandir) notre nouvelle maison.

11 Les filles _____ (remplir) le questionnaire ?

12 Je _____ (réussir) bien ce gâteau ou chocolat.

13 Elle _____ (définir) le mot.

14 Les ouvriers _____ (démolir) l'immeuble.

15 Nous _____ (agir).

7 **Complète avec les lettres qui manquent.**

1 (grandir) : je gr____d____

2 (brunir) : elle b____n____

3 (avertir) : nous a____rti____ns

4 (mincir) : vous min____i____z

5 (gravir) : ils g____a____is____t

6 (bondir) : tu b____d____

7 (réussir) : elles réu____i____e____

8 (atterrir) : nous a____e____iss____

9 (choisir) : je ch____s____

10 (remplir) : vous r____pli____

8 **Souligne la terminaison et écris le verbe à l'infinitif.**

L'avion atter<u>rit</u> à vingt heures trente.
atterrir

1 L'armée envahit le territoire.

_____

2 Les voitures ne ralentissent pas.

_____

3 Nous applaudissons les acteurs.

_____

4 Elles affranchissent les lettres.

_____

5 Ils franchissent la frontière.

_____

6 Vous ne réagissez pas vite.

_____

7 Nous aboutissons à la fin.

_____

8 L'eau jaillit de la fontaine.

_____

9 La maman nourrit le bébé.

_____

10 Ils définissent les règles.

_____

9 🎧 ³¹ Écoute le CD et souligne le verbe que tu entends.

1. *Nous avertissons / Vous avertissez* nos amis du danger.
2. Le blanc *agrandit / grandit* l'appartement.
3. Il faut *affranchir / franchir* cette lettre.
4. Tes parents *réagissent / agissent* toujours comme ça ?
5. Elle *réagit / agit* rapidement.

6. Elles *brunit / Elle* brunissent au soleil.
7. Ces enfants *agrandit / grandissent* bien.
8. *Je choisis / Tu choisis* un film.
9. *Il rougit / Ils rougissent* aussi.
10. *Il finit / Ils finissent* leurs devoirs.
11. *Ils réussissent / Il réussit* tout.
12. *Nous remplissons / Vous remplissez* une fiche.

10 Retrouve dans la grille les verbes suivant.

finis	obéissez	grandissent	réagis	réagit	brunissent	
choisissons	maigrit	avertissons	rougis	réussissez	agissez	finit

X	O	R	E	A	G	I	S	R	T	A	I	P	O	A	N	S	U	O
I	B	R	A	O	X	S	N	P	S	T	F	N	U	V	I	R	O	B
N	N	R	I	B	F	I	N	I	T	A	I	Z	S	E	O	E	U	E
A	S	S	U	R	I	F	B	T	T	V	N	X	T	R	R	U	I	I
M	T	B	I	N	S	A	N	I	S	T	I	Q	U	T	V	S	V	S
X	A	T	A	S	I	O	C	G	F	M	S	S	P	I	A	S	P	S
O	P	G	A	B	X	S	D	G	R	V	P	M	O	S	I	I	M	E
T	M	V	I	Z	T	X	S	C	S	A	V	S	T	S	S	S	N	Z
S	A	Z	O	S	O	S	A	E	I	I	N	I	P	O	S	S	A	I
V	I	D	C	P	S	B	O	I	N	I	A	D	N	N	E	E	E	U
S	G	N	B	O	R	E	A	G	I	T	P	M	I	S	N	Z	O	U
S	R	O	T	N	R	F	Z	S	T	F	U	Z	V	S	T	S	Z	A
I	I	A	S	A	I	O	P	R	O	U	G	I	S	X	S	T	U	O
S	T	X	O	O	I	V	N	F	V	P	I	I	A	I	S	E	U	X
E	S	M	N	T	F	E	V	I	N	X	T	O	T	M	T	O	N	S
C	H	O	I	S	I	S	S	O	N	S	A	I	S	S	Z	I	A	T

Les adjectifs numéraux ordinaux

On appelle ces adjectifs numéraux « ordinaux » car ils indiquent un ordre

1er	premier - première	10ème	dixième	20ème	vingtième	30ème	trentième
2ème	deuxième - second	11ème	onzième	21ème	vingt et unième	40ème	quarantième
	seconde	12ème	douzième	22ème	vingt-deuxième	50ème	cinquantième
3ème	troisième	13ème	treizième	23ème	vingt-troisième	60ème	soixantième
4ème	quatrième	14ème	quatorzième	24ème	vingt-quatrième	70ème	soixante-dixième
5ème	cinquième	15ème	quinzième	25ème	Vingt-cinquième	80ème	quatre-vingtième
6ème	sixième	16ème	seizième	26ème	Vingt-sixième	90ème	quatre-vingt-dixième
7ème	septième	17ème	dix-septième	27ème	Vingt-septième		
8ème	huitième	18ème	dix-huitième	28ème	Vingt-huitième	100ème	centième
9ème	neuvième	19ème	dix-neuvième	29ème	Vingt-neuvième		

Les adjectifs numéraux ordinaux **s'accordent en genre et en nombre avec le nom** qu'ils qualifient. *Les premiers froids.*

Attention :

• On utilise *second* à la place de deuxième quand les éléments ne sont que 2.

1 Regarde le dessin et complète avec l'adjectif numéral ordinal correct.

1 Caroline est en _première_ position.

2 Lucas est _____

3 Alexandre est en _____ position.

4 Maud est _____

5 Julie est _____

6 Le chien est _____

2 🎧 ³² Transforme les nombres cardinaux en nombres ordinaux, puis écoute le CD et vérifie.

1 onze   *onzième*   6 trente-cinq   _____

2 treize   _____   7 trente-neuf   _____

3 quinze   _____   8 quarante et un   _____

4 dix-huit   _____   9 cinquante-quatre   _____

5 vingt-deux   _____   10 soixante   _____

3 Complète avec les adjectifs numéraux ordinaux indiqués entre parenthèses et accorde en genre et en nombre si nécessaire.

1 Ce sont les _____ (1) pluies.

2 C'est le _____ (5) bonbon que tu manges !

3 Ils sont _____ (12).

4 Marion et Claire fête leur _____ (19) anniversaire.

5 Je suis _____ (4) de ma classe.

6 Nous sommes _____ (2) de notre classe.

7 Vous êtes arrivés en _____ (8) position.

8 C'est la _____ (3) fois que je vais en Espagne.

4 Complète avec l'adjectif qui convient.

1 Le (deux - deuxième) _____ septembre, c'est son anniversaire.

2 Il y a (seize - seizième) _____ garçons dans sa classe.

3 Marc arrive toujours le (un - premier) _____.

4 Hélène a (vingt-quatre - vingt-quatrième) _____ ans.

5 C'est la (dix - dixième) _____ fois que je lis ce livre.

6 Nous habitons au (neuf - neuvième) _____ étage de cet immeuble.

7 Chez eux, ils ont (trois - troisièmes) _____ chats

8 Dans cette école, il y a plus de (six-cent - six-centièmes) _____ élèves.

5 Souligne les fautes et réécris chaque phrase correctement comme dans l'exemple.

Les enfants sont toujours les premi*er* à vouloir jouer.
Les enfants sont toujours les premiers à vouloir jouer.

1 Prenez votre livre à la page quinzes.
_____

2 Les Dubois ont deux enfants, Clarisse est la second.
_____

3 J'habite au quatre étage de cet immeuble
_____

4 Mathieu est le troisièmes a réussir cet examen.
_____

5 Ils ont quatres enfants
_____

6 Il y a vingt-et-un élèves dans cette classe.
_____

7 Une année a cinquante deux semaines
_____

8 C'est la premier fois que je vais chez elle.
_____

Les verbes *vouloir, pouvoir, devoir*

VOULOIR	POUVOIR	DEVOIR
Je veux	Je peux	Je dois
Tu veux	Tu peux	Tu dois
Il / Elle on veut	Il / Elle on peut	Il / Elle on doit
Nous voulons	Nous pouvons	Nous devons
Vous voulez	Vous pouvez	Vous devez
Ils / Elles veulent	Ils / Elles peuvent	Ils / Elles doivent

1 Relie par une flèche les sujets à leur forme verbale.

doit   *peuvent*   veux   Vous   doivent

Luc et Pierre   Sa sœur   voulons   Olivier

Tu   Les amies de Nicole   veut

Nous   peux   voulez   Vous   Je   devez

2 Écris les pronoms sujet et invente une fin aux phrases.

1 _____ dois _____
2 _____ peuvent _____
3 _____ voulons _____
4 _____ veux _____
5 _____ peut _____
6 _____ doivent _____

3 Conjugue les verbes.

1 Nous _____ (devoir) aller à l'école.
2 Elle ne _____ (vouloir) venir.
3 Paul et Jules _____ (vouloir) une glace.
4 Nous _____ (pouvoir) sortir ?
5 Je ne _____ (pouvoir) pas faire ce travail.
6 Vous _____ (vouloir) un thé froid ?
7 Elles _____ (devoir) rentrer.
8 Ils _____ (pouvoir) venir en train.
9 Tu _____ (devoir) manger un peu.
10 Marc _____ (vouloir) être ingénieur.

4 🎧 ³³ Écoute et complète le dialogue.

Chloé : Salut Anaïs !
Anaïs : Salut Chloé !
Chloé : Qu'est-ce que tu fais cet après-midi ?
Anaïs : Je vais à la piscine, tu (1)_____ venir ?
Chloé : Oui, pourquoi pas, je n'ai rien à faire.. Mais je (2)_____ aller chercher mes affaires de piscine chez moi.
Anaïs : Si tu (3)_____ ma sœur ne (4)_____ pas venir, elle (5)_____ te passer ses affaires !
Chloé : Comme vous (6)_____ .
Anaïs : Nous (7)_____ marcher beaucoup pour arriver à la piscine.
Chloé : C'est plus simple si j'appelle mes parents, ils (8)_____ nous emmener en voiture !
Anaïs : Non, je ne (9)_____ pas déranger !
Chloé : Mais non, ça ne dérange pas (10)_____ comme ça, ils emmènent aussi mon sac de piscine !

5 Complète la grille.

Horizontal :
1 Verbe *faire* 1ère pers. plur. prés.
2 Verbe *devoir* 3ème pers. plur. prés.
3 Verbe *venir* 2ème pers. sing. prés.
4 Verbe *vouloir* 3ème pers. plur. prés.

Vertical :
1 Verbe *faire* 2ème pers. plur. prés.
2 Verbe *devoir* 2ème pers. sing. prés.
3 Verbe *pouvoir* 3ème pers. plur. prés.
4 Verbe *devoir* 3ème pers. sing. prés.
5 Verbe *pouvoir* 3ème pers. sing. prés.

6 Fais une liste de ce que tu veux faire, peux faire et dois faire la semaine prochaine.

Vouloir
Je veux

Pouvoir

Devoir

Donner un ordre : l'impératif

L'impératif s'utilise pour donner un ordre.
Il y a seulement trois personnes : **tu, nous, vous** de l'indicatif présent sans le pronom personnel.

PRÉSENT	IMPÉRATIF	IMPÉRATIF NÉGATIF
Tu regardes	Regarde !	Ne regarde pas !
Nous regardons	Regardons !	Ne regardons pas !
Vous regardez	Regardez !	Ne regardez pas !

Attention :

On ne met pas de *-s* à la première personne de l'impératif pour les verbes en *-er*.

ÉCOUTER	ALLER	FINIR
Écoute !	Va !	FinisFinissons !
Écoutons !	Allons !	Finissez !
Écoutez !	Allez !	

1 Forme l'impératif de ces verbes.

1 Remercier :

_____ ! _____ !

_____ !

2 Étudier :

_____ ! _____ !

_____ !

5 Finir :

_____ ! _____ !

_____ !

6 Réagir :

_____ ! _____ !

_____ !

2 Un professeur donne des ordres à ses élèves. Mets les verbes à la troisième personne de l'impératif.

Ranger vos cahiers
*Rangez vos cahiers !*_____

1 Entrer doucement

_____ !

2 Ne pas copier

_____ !

3 Ne pas parler

_____ !

4 Regarder le tableau

_____ !

5 Finir l'exercice 2

_____ !

6 Faire attention

_____ !

3 Une maman donne des ordres à sa fille. Mets les verbes à la première personne de l'impératif.

Ranger ta chambre
*Range ta chambre !*_____

1 Manger ta soupe

_____ !

2 Faire tes devoirs

_____ !

3 Venir ici

_____ !

4 Aller à la boulangerie

_____ !

5 Acheter une baguette

_____ !

6 Poster cette lettre

_____ !

4 Mets ces ordres à la forme négative.

Poste cette lettre!
Ne poste pas cette lettre !

1   Viens à la maison !

_____ !

2   Réagissez !

_____ !

3   Achète ce journal !

_____ !

4   Raconte cette histoire !

_____ !

5   Grossis

_____ !

6   Invite tes copains

_____ !

5 Complète les ordres suivants.

Marie, ____*viens*____ (venir) ici !

1   Pierre, Jean, _____ (regarder) ce désordre !

2   Les enfants, _____ (venir) vers moi !

3   Marie, _____ (téléphoner) à Martine !

4   Mon chéri, _____ (chercher) tes clés !

5   Les enfants, _____ (choisir) un jeu !

6   Michel, _____ (maigrir) un peu !

7   Pauline, _____ (faire) un effort !

8   Papa, _____ (ralentir) un peu !

9   Les filles, _____ (réfléchir) un peu !

10 Marc, _____ (aller) dehors !

6 Complète la grille.

Horizontal :

2   Verbe *parler*, *impératif*, 1ère pers.
4   Verbe *venir*, *impératif*, 3ème pers.
5   Verbe *tenir*, *impératif*, 3ème pers.
6   Verbe *regarder*, *impératif*, 2ème pers.
7   Verbe *suivre*, *impératif*, 3ème pers.
8   Verbe *ouvrir*, *impératif*, 3ème pers.
9   Verbe *préparer*, *impératif*, 3ème pers.

Vertical :

1   Verbe *manger*, *impératif*, 1ère pers.
3   Verbe *manger*, *impératif*, 2ème pers.
4   Verbe *venir*, *impératif*, 1ère pers.
5   Verbe *entrer*, *impératif*, 2ème pers.
6   Verbe *écouter*, *impératif*, 3ème pers.

a/à - et/est - on/ont - son/sont - ces/ses - ou/où

Ces mots sont des **homophones** : ils ont la même prononciation mais n'ont pas le même sens.

a : verbe *avoir*.	*Il **a** 12 ans.*	**son** : adjectif possessif.	***Son** manteau est beau.*
à : préposition.	*Il va **à** la gare.*	**sont** : verbe être.	*Ils **sont** quatre.*

et : conjonction.	*Il est calme **et** poli.*	**ces** : adjectif démonstratif.	*Regarde **ces** maisons !*
est : verbe *être*.	*Il **est** grand.*	**ses** : adjectif possessif.	***Ses** parents sont jeunes.*

on : pronom impersonnel.	***On** dit qu'il est gentil.*	**ou** : conjunction.	*Tu viens **ou** tu restes ?*
ont : verbe *avoir*.	*Ils **ont** faim.*	**où** : adverbe de lieu.	*Tu vas **où** ?*

1 Complète avec *a* ou *à*.

1 Il _____ un nouveau vélo.
2 Marie _____ une belle voix.
3 Elle vient _____ la maison _____ quatre heures.
4 La fête _____ lieu ce soir _____ la mairie.
5 Il _____ une tante _____ Paris.

6 Nous devons partir _____ six heures.
7 Ils vont _____ la piscine.
8 Il _____ mal _____ la tête.
9 Il ne peut pas être _____ six heures _____ la gare.
10 Elle _____ une belle maison _____ la campagne.

2 Complète avec *et* ou *est*.

1 Le livre _____ sur la table.
2 La solution _____ facile _____ rapide.
3 Marc _____ Pierre viennent ce soir.
4 Marc _____ pas sportif.
5 Elle _____ souriante _____ sympathique.

6 Quelle heure _____ -il ? Il _____ six heures.
7 Il _____ grand, blond _____ antipathique.
8 Elle _____ pas contente.
9 Il _____ pas à la maison.
10 Où _____ la gare ?

3 Complète avec *on* ou *ont*.

1 _____ sonne à la porte.
2 Les enfants _____ une gentille institutrice.
3 _____ dit que nos voisins _____ aussi une maison à la campagne.
4 Ils n'_____ pas leur tenue de sport.
5 Elles _____ beaucoup d'amis qui _____ les vacances en juillet.

6 _____ pense qu'ils _____ une maladie très grave.
7 _____ a toujours besoin d'amis.
8 _____ raconte qu'ils _____ toutes les vidéos de Walt Disney.
9 Les enfants _____ des devoirs pour demain.
10 _____ appelle les Courbet ?

4 Forme des phrases avec le mot indiqué.

1 (a) _____
2 (à) _____
3 (est) _____

4 (et) _____
5 (on) _____
6 (ont) _____

5 Complète avec *son* ou *sont*.

1 Il fait _____ jardin le dimanche.
2 _____ pull et _____ pantalon _____ sales.
3 Il raconte _____ aventure avec _____ frère.
4 Ils _____ en retard.
5 Elles ne _____ pas libres demain.
6 Sa sœur et _____ amie _____ chez elles.
7 _____ travail est intéressant.
8 Il veut venir voir _____ grand-père.
9 Sophie et Bruno _____ dans les bois.
10 _____ ordinateur et _____ bureau _____ vieux.

6 Complète avec *ses* ou *ces*.

1 _____ livres sont à Pierre.
2 Marie n'a pas _____ lunettes.
3 Elle fait _____ devoirs.
4 Marc invite _____ amis chez lui.
5 Elle vient toujours avec _____ amies et _____ parents.
6 _____ tableaux ne sont pas très beaux.
7 Elle range _____ affaires.
8 _____ garçons, ce sont les amis de Jacques.
9 _____ enfants, ce sont les enfants du maire.
10 J'aime _____ chaussures, tu les achètes, mamman ?

7 Complète avec *où* ou bien *ou*.

1 Tu vas _____ ?
2 Tu veux un thé froid _____ un jus d'orange ?
3 Pierre, il est _____ ?
4 Il téléphone _____ il envoie une fax ?
5 Il est rouge _____ bleu, ton pull ?
6 _____ travaille-t-il ? En France _____ en Suisse ?
7 Ils vont _____ en vacances ? À la mer _____ à la montagne ?
8 Tu étudies _____ tu joues ?
9 Tu étudies _____ ?
10 Il va _____ à l'école ?

8 Forme des phrases avec le mot indiqué.

1 (son) _____
2 (sont) _____
3 (ses) _____
4 (cet) _____
5 (où) _____
6 (ou) _____

9 🎧 ³⁴ Écoute le CD et complète les phrases.

1 Tu _____ un peu d'argent pour les glaces ?
2 Il _____ une belle maison _____ la mer.
3 Il _____ en Italie.
4 Elle _____ petite _____ très jolie.
5 Les enfants _____ besoin de toi.
6 _____ frère _____ beau !
7 Tu veux du miel _____ de la confiture ?
8 _____ est la gare ?
9 J'aime bien _____ livres.
10 _____ aime bien venir ici en hiver !
11 _____ a de la chance.
12 Ses sœurs _____ onze ans.
13 Ma maman _____ mon papa _____ en ville.
14 _____ deux robes _____ Martine.
15 _____ sont _____ amies ?

Le présent des verbes en *-ir, -ire, -tre* (3ème groupe)

Les verbes en *-ire* ont deux conjugaisons possibles :

ÉCRIRE (*décrire, inscrire, ...*)	LIRE (*interdire, conduire, construire, traduire, plaire...*)
J'écri**s**	Je li**s**
Tu écri**s**	Tu li**s**
Il/Elle/On écri**t**	Il/Elle/On li**t**
Nous écriv**ons**	Nous lis**ons**
Vous écriv**ez**	Vous lis**ez**
Ils/Elles écriv**ent**	Ils/Elles lis**ent**

Les verbes en *- ir* et *- tre* : suivent la conjugaison normale
-s ; -s ; -t ; -ons ; -ez ; -ent.

Mais au singulier, on ne met pas la lettre qui précède la terminaison de l'infinitif :

DORMIR (*partir, sortir..*)	METTRE (*permettre, battre, promettre...*)
Je dor**s**	Je met**s**
Tu dor**s**	Tu met**s**
IL/Elle/On dor**t**	Il/Elle/On me**t**
Nous dorm**ons**	Nous mett**ons**
Vous dorm**ez**	Vous mett**ez**
Ils/Elles dorm**ent**	Ils/Elles mett**ent**

1 Complète avec les verbes qui font sens.

	Écrire	Lire	Dormir	Mettre	Permettre
	Sortir	Partir	Inscrire	Traduire	Conduire

1 _____ dans un lit.
2 _____ un article de journal.
3 _____ aux enfants de jouer.
4 _____ un texte du Français à l'Anglais.
5 _____ avec un stylo noir.
6 _____ de la maison pour aller dans le jardin.
7 _____ un blouson parce qu'il fait froid.
8 _____ un candidat à un examen.
9 _____ une moto.
10 _____ en vacances.

2 Conjugue au présent les verbes entre parenthèses.

1 Pierre (écrire) _____ un mail à Simon.
2 Ils ont (décrire) _____ les faits avec précision.
3 Vous (inscrire) _____ votre adresse sur le questionnaire.
4 Le médecin (prescrire) _____ des médicament à ses malades.
5 Nous (réécrire) _____ toute la liste des invités.

3 Conjugue au présent les verbes entre parenthèses.

1 Claude et Julie (lire) _____ l'article sur le journal.

2 Le professeur (interdire) _____ le téléphone portable en classe.

3 Cet homme (construire) _____ seul sa maison.

4 Je (traduire) _____ la lettre de ma correspondante espagnole.

5 Cette exposition (plaire) _____ beaucoup aux élèves.

6 Les Français (élire) _____ un nouveau président de la République.

7 Vous (relire) _____ ce roman pour la troisième fois.

8 Tu (interdire) _____ à ton chien de venir sur le canapé.

4 Conjugue au présent les verbes entre parenthèses.

1 Vous (dormir) _____ à la maison samedi soir ?

2 Ils (partir) _____ en vacances le 15 juillet.

3 Nous (sortir) _____ du cinéma à 17.00.

4 Je (sortir) _____ pour aller faire des courses.

5 La maman (endormir) _____ son enfant.

6 Quand (partir) _____ - vous ?

7 Vous (sortir) _____ sans blouson ?

8 Quand (repartir) _____ - tu pour New-York ?

5 Conjugue au présent les verbes entre parenthèses.

1 Je (mettre) _____ des œufs dans le gâteau.

2 Tu (permettre) _____ aux enfants de jouer devant la maison.

3 Nous (permettre) _____ à notre fille de faire de la danse seulement si elle étudie.

4 Vous _____ (promettre) des choses difficiles à respecter.

5 Les garçons (remettre) _____ leur chambre en ordre.

6 Mes frères (mettre) _____ du temps à arriver.

7 Ce questionnaire (permettre) _____ de s'abonner.

8 Aujourd'hui, je (mettre) _____ mon pull rouge.

6 Transforme les phrases selon le modèle.

Je lis le journal. Et vous ?
Vous lisez le journal ?

1 J'écris une lettre. Et vous ?
_____ ?

2 Je décris ma maison. Et vous ?
_____ ?

3 J'inscris Pierre au Tennis. Et vous ?
_____ ?

4 Je prescris ce médicament. Et vous ?
_____ ?

5 J'interdis d'entrer dans ma chambre. Et vous ?
_____ ?

6 Je transcris cet enregistrement. Et vous ?
_____ ?

7 Je conduis une voiture. Et vous ?
_____ ?

8 Je plais à mes copains. Et vous ?
_____ ?

7 Conjugue les verbes à la personne indiquée.

Tu lis un livre, nous *lisons* *le journal.*

1 Tu interdis de sortir, nous _____ de fumer.

2 Tu plais à Julie, nous _____ à Patrick.

3 Tu conduis une petite voiture, nous _____ une grosse moto.

4 Tu construis un garage, nous _____ une villa.

5 Tu traduis une phrase, nous _____ le texte.

6 Tu cuis la viande, nous _____ la tarte.

7 Tu écris un mail, vous _____ une carte postale.

8 Tu décris ton école, nous _____ notre école

8 Transforme les phrases à la personne indiquée.

Il met du beurre. Ils *mettent du beurre.*

1 Il bat le tapis.
Vous _____

2 Il permet de sortir.
Je _____

3 Il promet de venir.
Nous _____

4 Il commet une erreur.
Tu_____

5 Il admet l'erreur.
Ils _____

6 Il remet de l'ordre.
Nous _____

7 Il retransmet ce film.
Vous _____

8 Il transmet l'ordre.
Tu _____

9 Trouve dans la grille les verbes suivants cachés horizontalement ou verticalement.

1 *Permettre* 3ème pers. pluriel

_____

2 *Mettre* 2ème pers. singulier

_____

3 *Dormir* 1ère pers. pluriel

_____

4 *Lire* 2ème pers. pluriel

_____

5 *Mettre* 2ème pers. pluriel

_____

6 *Permettre* 3ème pers. singulier

_____

7 *Partir* 1ère pers. singulier

_____

R	B	M	M	E	T	T	E	Z	I
A	I	P	T	F	P	F	M	K	S
E	A	S	I	M	E	Y	L	L	F
J	L	U	K	P	R	O	O	I	T
N	Y	A	E	I	M	I	P	S	J
M	E	T	S	G	E	L	E	E	U
H	U	P	R	F	T	D	R	Z	T
P	G	D	J	Y	T	K	M	E	R
A	J	M	F	A	E	Z	E	W	U
R	G	B	Q	F	N	W	T	Q	O
S	R	G	J	O	T	S	J	A	J
A	A	D	O	R	M	O	N	S	H

Exprimer une quantité

On peut exprimer une quantité déterminée :

- Quantité + *de*
  *Un kg **de** sucre; un quartier de pomme ; une part de gâteau ;*

- **un peu de, beaucoup de, assez de, pas de**

Un peu de *pain*   ***assez de*** *lait*   ***beaucoup de*** *pates*   ***pas de*** *beurre*

Attention :

  devant une voyelle ou un h muet ***de*** → ***d'***
  *Il y a un litre **d'**eau dans la bouteille.*
  *Il y a beaucoup **d'**écoles dans ta ville.*

On peut exprimer une quantité indéterminée : *du, de la, des*

	SINGULIER	PLURIEL
MASCULIN	du de l'	des
FÉMININ	de la de l'	

*Il y a **du** sucre dans le gâteaux*
*Il y a **de** la tarte pour le dessert*
*Il y a **de** l'herbe dans le jardin*
*Il y a **des** jeux dans le parc.*

---

1 Fais des phrases selon le modèle.

> Les pâtes   le riz   le couscous   le chocolat   la feta
> les hamburger   le curry   la sauce à la menthe   les bonbons

Les italiens :
Ils aiment les pâtes. Ils mangent des pâtes.

1 Les Anglais :
_____

2 Les Chinois :
_____

3 Les Grecs :
_____

4 Les Suisses :
_____

5 Les Arabes :
_____

6 Les Américains :
_____

7 Les Indiens :
_____

8 Les enfants :
_____

9 Les Chinois :
_____

10 Les Grecs :
_____

11 les Suisses :
_____

12 les Arabes :
_____

2 Complète comme dans l'exemple.

1 *De l'eau*   2 *Un peu d'eau*   3 _____ 4 _____ 5 _____

6 _____ 7 _____ 8 _____ 9 _____

10 _____ 11 _____ 12 _____ 13 _____ 14 _____

3 Explique ce que Martin mange et boit pendant la journée.

petit déjeuner : lait · céréales · jus d'orange
déjeuner : pâtes · salade · fruits · eau minérale
goûter : lait · tartine
dîner : viande · légumes · yaourt
Au petit déjeuner, il _____
_____

Au déjeuner, il _____
_____
Au goûter, il _____
_____
Au dîner, il _____
_____

4 Complète les questions et réponds à la forme négative.

« Tu manges du _____ poisson ? »
« Non, je ne mange pas de poisson. »

1 _____ vin ?
_____

2 _____ fromage ?
_____

3 _____ légumes ?
_____

4 _____ poisson ?
_____

5 _____ œufs ?
_____

6 _____ eau ?
_____

7 _____ ananas ?
_____

8 _____ moutarde ?
_____

5 🎧 ³⁵ Écoute le CD et complète le texte suivant.

Le matin, je mange _____ céréales avec _____ lait et je bois _____ jus d'orange.
À midi, je mange _____ viande ou de poisson et _____ salade. Je bois _____ eau
pendant la journée, au moins _____ litres. Vers quatre heures, je mange _____ fruit et le soir
je mange _____ grande assiette de pâtes avec _____ jambon.

6 🎧 ³⁶ Écoute le CD et complète la recette.

Pour faire de bonnes crêpes, il faut _____ farine, _____ sel, _____ sucre et un grand
_____ lait. Tu mélanges le tout et tu ajoutes _____ œuf et _____ jaunes d' œuf. Tu
mélanges bien et tu ajoutes _____ beurre et _____ crême.

7 Complète en utilisant *du* (*de l'*), *de la* (*de l'*), *des* ou *de* (*d'*).

1 Vous avez invitez beaucoup _____ amis.
2 Je bois toujours _____ coca ou _____ eau
3 Elle fait _____ jolis dessins.
4 On a moins _____ devoirs à faire.
5 Tu n'achètes _____ journaux.
6 Vous commandez _____ bière et _____ vin.
7 Elles portent _____ robes légères.

8 Ils pratiquent _____ sports difficiles.
9 Nous mangeons _____ poulet et _____ frites.
10 Tu dois écrire trop _____ lettres.
11 Nous n'avons pas _____ sœurs.
12 On va voir v films intéressants.
17 J'achéte acheté un litre _____ lait et une bouteille _____ eau.
18 Il prend _____ belles chaussures.

8 Complète en utilisant *du* (*de l'*), *de la* (*de l'*), *des* ou *de* (*d'*).

1 Vous avez invitez beaucoup _____ amis.
2 Je bois toujours _____ coca ou _____ eau
3 Elle fait _____ jolis dessins.
4 On a moins _____ devoirs à faire.
5 Tu n'achètes jamais _____ journaux.
6 Vous commandez _____ bière et _____ vin.
7 Elles portent _____ robes légères.

8 Ils pratiquent _____ sports difficiles.
9 Nous mangeons _____ poulet et _____ frites.
10 Tu dois écrire trop _____ lettres.
11 Nous n'avons pas _____ sœurs.
12 On va voir _____ films intéressants.
13 J'achéte acheté un litre _____ lait et une bouteille _____ eau.
14 Il prend _____ belles chaussures.

9 Associe comme dans l'exemple.

1 un quartier 2 deux 3 un morceau 4 une portion 5 un demi-litre 6 un kilo

f   c   c   b   e   a

Les pronoms toniques

LES PRONOMS TONIQUES		
Je	→	Moi
Tu	→	Toi
Il	→	Lui
Elle	→	Elle
Nous	→	Nous
Vous	→	Vous
Ils	→	Eux
Elles	→	Elles

Les pronom tonique s'utilisent :

- quand le pronom est seul.
  « Qui vient avec nous ? »
  « Moi ! »
  « Qui veut un dessert ? »
  « Nous ! »

- avec c'est, ce sont.
  Luc ? C'est lui.

- avec une préposition.
  Il parle avec lui.

  Elle part sans toi.
  Ce cadeau est pour eux.

- quand le pronom est renforcé.
  Moi aussi, j'aime le chocolat.
  Elle n'est pas là et eux non plus.

- quand il y a un contraste.
  Moi, je travaille et lui, il ne fait rien.

1 Réponds avec un pronom tonique.

« Qui téléphone, c'est Marc ? »
« Oui, c'est lui. » _____

1 « C'est Julie qui a un nouveau vélo ? »
« Oui, _____ . »

2 « Ce sont Martin et Joël qui organisent la boum ? »
« Oui, _____ . »

3 « C'est Luc qui habite ici ? »
« Oui, _____ . »

4 « C'est moi qui doit ranger ? »
« Oui, _____ . »

5 « Ce sont les cousines de Muriel ? »
« Oui, _____ . »

6 « Ce sont les parents de Catherine là-bas ? »
« Oui,_____ . »

7 « C'est nous qui préparons les sandwichs ? »
« Oui, _____ . »

8 « Qui achète le pain, c'est Pierre ? »
« Oui, _____ . »

9 « Qui reste avec nous, c'est Amandine ? »
« Oui, _____ . »

10 « Qui est ton professeur, Mme Raquin ? »
« Oui,_____ . »

2 Réponds avec aussi (si la question est affirmative) ou non plus (si la question est négative).

« Tu viens au cinéma, et Marc ? »
« Lui aussi. » _____

« Elle ne veut pas de thé, et toi ? »
« Moi non plus. » _____

1 « Elle aime les croissants, et Christine ? »
_____

2 « Vous buvez du vin, et votre mari ? »
_____

3 « Tu ne viens pas à la piscine, et ton frère ? »
_____

4 « Vous allez patiner, et toi ? »
_____

5 « Elle ne joue pas à cache-cache, et toi ? »
_____

6 « Ils ne prennent pas le bus, et vous ? »
_____

7 « Je fais du sport, et toi ? »
_____

8 « Je pars en vacances, et Paul et Jacques ? »
_____

9 « Il n'est pas là, et Charles ? »
_____

10 « Je ne sais pas skier, et Aurélie ? »
_____

3 Complète les phrases, selon le modèle.

« Je dois étudier ; toi, tu es toujours libre. »

1 Nous allons faire une promenade mais, _____, vous restez devant la télé.

2 Elle lit beaucoup mais son frère, _____, ne lit jamais.

3 _____, ils sont symapthiques mais, _____ elles sont méchantes.

4 Nous patinons bien mais, _____, tu patines mal.

5 Il va au cinéma et, _____, vous allez où ?

6 Vous allez dans le jardin et, _____, j'apporte à manger

4 🎧 Écoute le CD, complète les dialogues et retrouve le dessin de chaque dialogue.

1

Claire : Tu vas où cet après-midi ?

Marc : Je vais à la piscine, et _____ ?

Claire: _____, je dois faire mes devoirs.

Marc : Tu ne veux pas venir _____ _____ ?

Claire : Si, mais je ne peux pas.

Marc : _____ _____, j'ai des devoirs mais je les fais après avec Luc.

Claire : C'est une bonne idée ! Je viens _____ _____, et je fais mes devoirs après, _____ _____ !

A ☐

B ☐

2

Julie : Il est nouveau _____, c'est qui ?

Simon : C'est mon cousin Alain.

Julie : Il est breton, _____ _____ ?

Simon : Oui, mais, _____, il habite à Nantes.

Julie : _____ _____, j'ai des cousins à Nantes, mais _____, ils sont plus grands. Ils travaillent.

C ☐

3

Laura : Regarde ! C'est _____ ma copine !

Kévin : Et _____, c'est qui ?

Laura : C'est son frère, il s'appelle Maurice.

Kévin : _____, je ne le connais pas !

Laura : C'est normal il est nouveau ! Sa sœur et sympa mais _____, il est très timide.

C'est, Ce sont - Il / Elle est, Ils / Elles sont

C'est, ce sont s'utilisent pour identifier une chose ou une personne déterminée.

- **C'est** + nom singulier.
  C'est une belle voiture.

- **C'est** + pronom.
  C'est moi.

- **C'est** + indicateur temporel.
  C'est dimanche.
  C'est Pâques.
  C'est le 25.

- **C'est** + adjectif générique.
  C'est beau ! C'est intéressant !

- **Ce sont** + nom pluriel.
  Ce sont mes amis anglais.

- **Ce sont** + pronom pluriel.
  Ce sont eux.

- **C'est** + adverbe.
  C'est peu !
  C'est beaucoup !

Il / Elle est, ils / elles sont.

- **Il / Elle est, ils / elles sont** + adjectif, nationalité ou nom de profession.
  Ils sont sympathiques
  Elle est française.
  Il est architecte.

- **Il est** + expression de l'heure.
  Il est onze heures.
  Il est tard.
  Il est tôt.

1 **Transforme les phrases suivantes selon le modèle.**

> Il est dessinateur, il est très calme.
> C'est un dessinateur très calme.

1 Il est professeur, il est très gentil.
_____.

2 Elle est chanteuse, elle est canadienne.
_____.

3 Il est avocat, il est actif.
_____.

4 Il est commerçant, il est sympathique.
_____.

5 Ils sont stagiaires, ils sont jeunes.
_____.

6 Elle est patineuse, elle est russe.
_____.

7 Ils sont artistes, ils sont célèbres.
_____.

8 Il est journaliste, il est très intelligent.
_____.

9 Elles sont infirmières, elles sont disponibles.
_____.

10 Il est médecin, il est très beau.
_____.

2 Complète avec *c'est* ou *il / elle est.*

1 « La fille, là-bas, _____ italienne ? »
« Non, _____ anglaise. »

2 « Elle travaille ici ? »
« Oui, _____ professeur d'anglais. »

3 « _____ un livre intéressant ? »
« _____ moins passionnant que l'autre, mais _____ un bon livre malgré tout. »

4 « Et elle, _____ la nouvelle secrétaire ? »
« Non, _____ la bibliothécaire. »

5 _____ très généreuse.

6 « Sa sœur aussi, _____ sympa ! »

7 « _____ Marie ? »
« Oui, _____ elle. »

8 « J'espère qu'il pourra venir, _____ un garçon que j'aime beaucoup. »

9 « Et Pierre, _____ libre ce soir ? »
« Je ne sais pas, parce _____ absent. »

3 Complète les phrases suivantes. Attention : il s'agit chaque fois de faire un commentaire.
Tu peux utiliser les adjectifs suivants :

	intéressant	inutile	important	amusant	utile

Les jeux	*c'est amusant.*				
1 La musique	_____ .		7 L'argent,	_____ .	
2 Les voyages,	_____ .		8 L'amitié,	_____ .	
3 Les exercices,	_____ .		9 La famille,	_____ .	
4 Les études,	_____ .		10 La lecture,	_____ .	
5 L'école,	_____ .		11 Le sport,	_____ .	
6 Les amis,	_____ .		12 La mode,	_____ .	

4 Complète les phrases avec c'est / ce sont, il / elle est ou ils / elles sont.

1 _____ important.
2 _____ tard.
3 _____ juste.
4 _____ eux, tes copains ?
5 _____ président.
6 _____ un bon président.
7 _____ catholique.
8 _____ un protestant.
9 _____ turbulents !
10 _____ lui qui organise le concours.
11 _____ toi ?
12 _____ midi.
13 _____ le 25 avril.
14 _____ Bretonnes.
15 _____ françaises.
16 _____ un Français.
17 _____ 13 heures.
18 _____ professeur d'anglais.
19 _____ un bon professeur.
20 Les voyages, _____ intéressant !

Les gallicismes

*Marc **va** manger.*

*Marc **est en train de** manger.*

*Marc **vient de** manger.*

Le futur proche : *aller* + infinitif.

On utilise le futur proche pour parler d'une action dans un futur très proche.

« Que fais-tu cet après-midi ? » « Je vais sortir avec des amis. »

Le présent progressif : *être en train de* + infinitif.

On utilise le présent progressif pour décrire une chose que l'on fait au moment où l'on parle.

« Marie, qu'est-ce que tu fais ? » « Je suis en train de faire mes devoirs. »

Le passé récent : *venir de* + infinitif.

On utilise le passé récent pour raconter une action qui s'est produite peu de temps avant le moment où l'on parle.

« Je viens de voir Luc. »

1 Transforme les phrases au présent progressif selon le modèle.

Je réponds au professeur.
Je suis en train de répondre au professeur.

1   J'écris à nos amis de Provence.
_____

2   Les enfants dorment.
_____

3   elles font du café.
_____

4   ils prennent l'apéritif.
_____

5   Marthe et Julie parlent de vacances.
_____

6   Ta maman prépare une tarte aux pommes.
_____

7   Luc lit un bon livre.
_____

8   Nous prenons des photos.
_____

9   Vous ècoutez les explications.
_____

10 Tu fais tes valises.
_____

2 Complète avec le verbe *venir*.

1   Elle _____ d'arriver.

2   Marie et Quentin _____ de prendre le métro.

3   Je _____ de voir la concierge.

4   Ses amies _____ de l'inviter au cinéma.

5   L'avion pour Paris _____ de partir.

6   Nous _____ de manger mais il y a encore de la viande pour toi.

7   Tu dois encore parler à Paul mais tu _____ de lui téléphoner.

8   Mme Lautrec n'est pas là, elle _____ de sortir.

3 Réponds en utilisant le futur proche, selon le modèle.

« Tu pars en Bretagne ? »

« Oui, je vais partir en Bretagne. »

1 « Vous téléphonez à grand-mère quand vous arrivez ? »
« Oui, _____ . »

2 « Tu invites tes amis à ta fête? »
« Oui, _____ . »

3 « Le directeur convoque ses parents? »
« Non,_____ . »

4 « Tu accompagnes ton copain au bus ? »
« Oui, _____ . »

5 « Tu fais tes devoirs ? »
« Oui, _____ . »

6 « Vous écoutez cette cassette aujourd'hui ? »
« Non,_____ . »

7 « Ils louent une maison cet été ? »
« Non,_____ . »

8 « Elle lit ce roman après le déjeuné? »
« Oui, _____ . »

9 « Ils prennent le métro pour venir ? »
« Non,_____ . »

10 « Les filles rangent avant de partir ? »
« Non,_____ . »

4 🎧 38 Écoute le CD et écris ce que chaque personne va faire demain.

CHRISTINE :
_____
_____
_____
_____

VINCENT :
_____
_____
_____
_____

MARION :
_____
_____
_____

PASCAL :
_____
_____
_____

5 Fais des phrases, selon le modèle.

15h30	16h30	17h30
Je vais faire mes devoirs.	Je suis en train de faire mes devoirs.	Je viens de faire mes devoirs.

(Marc / rentrer)

_____   _____   _____

(Laura / jouer)

_____   _____   _____

(tu / goûter)

_____   _____   _____

(les enfants / ranger la chambre)

_____   _____   _____

(nous / faire de la gym)

_____   _____   _____

(vous / faire un dessin)

_____   _____   _____

Les verbes en -*cer* et -*ger*

COMMENCER	
Je commence	
Tu commences	
Il/Elle/On commence	
Vous commencez	
Nous commençons	
Ils commencent	

Les verbes en **-cer** s'écrivent avec un «ç» devant a, o, u pour garder un son doux [s].

D'autres verbes qui se conjuguent comme *Commencer : Percer, Bercer, Devancer, Avancer…*

Les verbes en **-ger** s'écrivent avec «-ge» devant a, o, u, pour garder un son doux [ʒ].

D'autres verbes qui se conjuguent comme *Nager : Bouger, Manger, Partager...*

Attention :

Ces particularités se retrouvent aussi dans l'orthographe de certains noms. En règle générale :

NAGER	
Je nage	
Tu nages	
Il/Elle/On nage	
Nous nageons	
Vous nagez	
Ils/Elles nagent	

SON DUR [K]	SON DOUX [S]
C	Ç
+ a-o-u	+ a-o-u
G	Ge
Cu	C
+ e-i-y	+ e-i-y
Gu	G

1 Mets les verbes à la 1ère personne pluriel de l'indicatif présent.

tu commences : *nous commençons*

1	tu nages : _____	5	tu berces : _____
2	tu bouges : _____	6	tu éponges : _____
3	tu manges : _____	7	tu places : _____
4	tu perces : _____	8	tu partages : _____
		9	tu juges : _____

2 🎧39 Écoute le CD et complète les phrases.

1 Mon père ne _____ jamais rien.

2 Tu nous _____ si tu as besoin d'aide !

3 Nous _____ les cours à 8h15.

4 Nous avons un moniteur pour nous quatre parce que nous ne _____ pas assez bien.

5 Elles _____ toujours les mêmes choses.

6 Nous _____ le tableau ?

7 Nous ne _____ jamais en première classe.

8 Nous _____ pas de riz.

9 Il _____ de ne pas pouvoir venir.

10 Nous _____ un appel par radio.

3 Complète avec -*c* ou -*ç* pour avoir un son doux.

1 Nous partirons en vacan_____es

2 Tu joues au cer_____eau ?

3 Les commer_____ants décorent leurs vitrines.

4 En hiver, je mets des gants pour éviter des ger _____ures.

5 Elle aime faire de la balan_____oire.

6 La maman chante une ber_____euse.

7 Ta pla _____ e est ici.

8 Nous pla_____ons le plat sur la table.

9 Tu as une bonne pronon _____ iation !

10 Il est Fran _____ ais, il vient de Grenoble.

4 Complète avec -*g* ou -*ge* pour avoir un son doux.

1 Martine fait un ré _____ ime.

2 Il y a beaucoup de pi _____ ons sur la place de Notre-Dame.

3 Au zoo, j'ai vu des _____ irafes.

4 Nous ne man _____ ons pas beaucoup le soir.

5 Auriez-vous l'obli _____ ance de me

répondre ?

6 C'est une négli _____ ence.

7 Nous na _____ ons dans la mer.

8 Obélix aime le _____ ibier !

9 En hiver, elle a des _____ erçures.

10 Nous parta _____ ons avec nos amis.

5 🎧 40 Écoute le CD et complète avec -*g*, -*gu* ou -*ge*.

1 Les _____ ondoliers sont vraiment habiles.

2 Nous avons mis des _____ irlandes sur le sapin.

3 J'aime cette _____ arniture.

4 Elle a acheté un cake au _____ ingembre.

5 Ces enfants dansent la gi _____ e

6 Ce genre de place est pleine de pi _____ ons.

7 Ces _____ arçons jouent bien au foot.

8 Cette tour est gi_____antesque.

9 Ces navi _____ ateurs ont navi _____ é sur un trimaran.

10 Ce groupe est en vo _____ e !

6 🎧 41 Écoute le CD et complète avec -*c*, -*ç*, -*g*, -*ge* ou -*gu*.

1 C'est un ron___eur.

2 Ça me ___êne beaucoup.

3 Il fait tous les matins sa ___ymnastique.

4 ___a va ?

5 Nous ber___ons notre petite sœur.

6 La ___igale chante et la fourmi travaille.

7 Il fume le ___igare mais pas la ___igarette.

8 Il se dépla___ait en se balan___ant d'une liane à l'autre.

9 Elle met du ___itron sur ses ___arottes.

10 Ce ma___on a refait notre fa___ade.

11 Nous effa___ons le tableau.

12 Nous commen___ons à travailler.

13 Nous pla___ons le poulet far___i dans le four.

14 Ce tron___on d'autoroute est dangereux.

Les verbes en -*eter, -eler, -e* + consonne +*er,* -*é* + consonne +*er*

Les verbes en -*eler* et en -*eter* ont un particularité à la 1ère, 2ème, 3ème pers du singulier et à la 3ème personne du pluriel.

- Soit la consonne redouble

APPELER		JETER	
J'appelle	Nous appelons	Je jette	Nous jetons
Tu appelles	Vous appelez	Tu jettes	Vous jetez
Il/Elle/On appelle	Ils/Elles appellent	Il/Elle/On jette	Ils/Elles jettent

- Soit le *e* qui précède la terminaison prend un accent grave (-*è*)

MODELER		ACHETER	
Je modèle	Nous modelons	J'achètet	Nous achetons
Tu modèles	Vous modelez	Tu achètes	Vous achetez
Il/Elle/On modèle	Ils/ Elles modèlent	Nous achetons	Ils/Elles achètent

- **Les autres verbes en -e + consonne + -*er*** et en -**é** + consonne + -**er** prennent un accent grave (-*è*) sur le **e** ou le **é** qui précède la terminaison.

LEVER		PRÉFÉRER	
Je lève	Nous levons	Je préfère	Nous préférons
Tu lèves	Vous levez	Tu préfères	Vous préférez
Il/Elle/On lève	Ils/Elles lèvent	Il/Elle/On préfère	Ils/Elles préfèrent

1 🎧⁴² Écoute le CD et indique si le son qui précède la terminaison est ouvert ou fermé.

	OUVERT	FERMÈ			OUVERT	FERMÈ
1	☐	☐		11	☐	☐
2	☐	☐		12	☐	☐
3	☐	☐		13	☐	☐
4	☐	☐		14	☐	☐
5	☐	☐		15	☐	☐
6	☐	☐		16	☐	☐
7	☐	☐		17	☐	☐
8	☐	☐		18	☐	☐
9	☐	☐		19	☐	☐
10	☐	☐		20	☐	☐

2 Conjugue les phrases suivantes à toutes les personnes.

1 J'achète un journal.

_____

_____

_____

_____

_____

2 Je jette ces papiers.

_____

_____

_____

_____

3 Je règle ce problème.

_____

_____

_____

_____

4 Je projette de partir.

_____

_____

_____

_____

5 Je modèle cette statuette.

_____

_____

_____

_____

_____

6 Je gèle, il fait froid.

_____

_____

_____

_____

7 Je pèle une pomme.

_____

_____

_____

_____

8 J'appelle Christelle.

_____

_____

_____

_____

3 Complète les phrases avec le verbe au présent de l'indicatif.

Tu *amènes* _____ (mener) Pierre à la gare ?

1 Je me _____ (peser) tous les matins.

2 Les _____ (crever) souvent ?

3 Vous _____ (semer) des légumes ?

4 Elle nous _____ (mener) en bateau.

5 La marchande _____ (peser) les fruits.

6 Vous _____ (crever) les ballons.

7 Ce paysan _____ (semer) du blé.

8 Ils _____ (lever) toujours la main.

9 Vous _____ (lever) la chaise.

10 Nous _____ (amener) les enfants au jardin zoologique.

Inviter, accepter ou refuser une invitation

INVITER

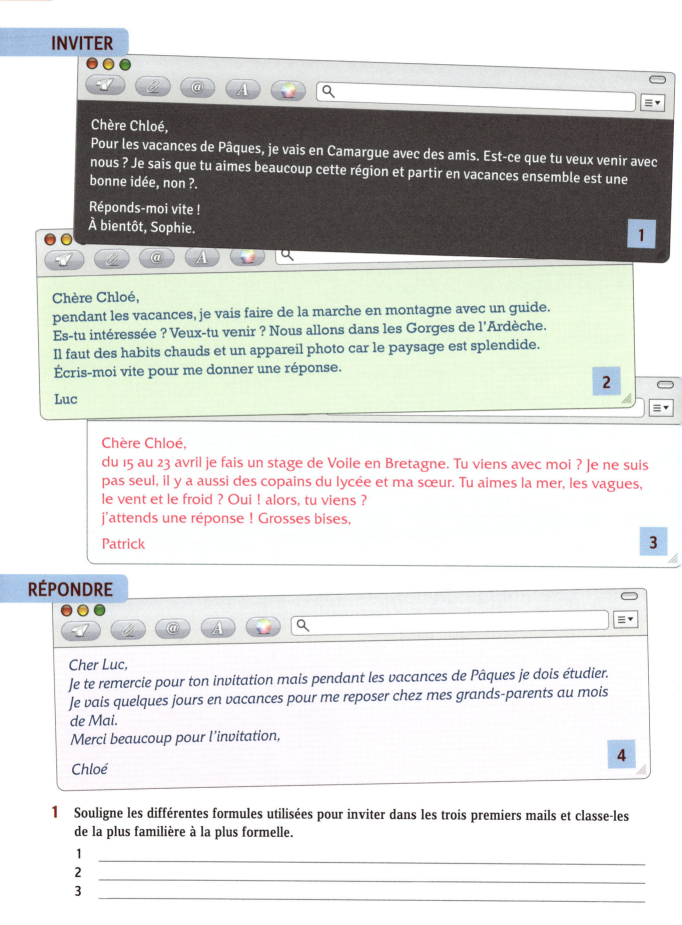

1

Chère Chloé,
Pour les vacances de Pâques, je vais en Camargue avec des amis. Est-ce que tu veux venir avec nous ? Je sais que tu aimes beaucoup cette région et partir en vacances ensemble est une bonne idée, non ?.

Réponds-moi vite !
À bientôt, Sophie.

2

Chère Chloé,
pendant les vacances, je vais faire de la marche en montagne avec un guide.
Es-tu intéressée ? Veux-tu venir ? Nous allons dans les Gorges de l'Ardèche.
Il faut des habits chauds et un appareil photo car le paysage est splendide.
Écris-moi vite pour me donner une réponse.

Luc

3

Chère Chloé,
du 15 au 23 avril je fais un stage de Voile en Bretagne. Tu viens avec moi ? Je ne suis pas seul, il y a aussi des copains du lycée et ma sœur. Tu aimes la mer, les vagues, le vent et le froid ? Oui ! alors, tu viens ?
j'attends une réponse ! Grosses bises,

Patrick

RÉPONDRE

4

Cher Luc,
Je te remercie pour ton invitation mais pendant les vacances de Pâques je dois étudier.
Je vais quelques jours en vacances pour me reposer chez mes grands-parents au mois de Mai.
Merci beaucoup pour l'invitation,

Chloé

1 Souligne les différentes formules utilisées pour inviter dans les trois premiers mails et classe-les de la plus familière à la plus formelle.

1 _____

2 _____

3 _____

2 Quelles formules utilise-t-on pour demander une réponse ?

1 _____

2 _____

3 Quels sont les éléments que tu retrouves dans les quatre mails ?

1 _____

2 _____

3 _____

4 _____

4 Que fait Chloé dans le mail n. 4 ? Choisis la bonne réponse et explique pourquoi.

1 Elle accepte l'invitation de Luc ? Pourquoi ?

_____

2 Elle refuse l'invitation de Luc ? Pourquoi ?

_____

5 Complète le mail avec les mots suivants.

| Réponds | t'invite | les autres | à bientôt | une belle nouvelle |
| peux | passer la nuit | vacances | Salut Pierre | de tes |

_____,
Comment vas-tu ? Moi, très bien _____ J'ai _____ : Je _____ chez nous pour les _____ d'été. Tu pourras revoir les amis de l'été passé : tu te souviens de Claire, Martine et _____ ? Est-ce que tes parents peuvent t'accompagner ? Ils peuvent _____ chez nous et repartir le lendemain. Tu _____ rester toutes les vacances ! _____-moi vite, j'attends _____ nouvelles !
_____ .
  Marc

6 Complète la lettre avec les mots suivants.

| Chez toi | en voiture | combien de temps | de revoir tous nos amis |
| Merci pour ton invitation | | acceptent | |

Cher Marc,
_____ . C'est super ! Mes parents sont d'accord et _____ de dormir _____ Nous venons _____ et ils repartent lendemain. Je ne sais pas encore _____ je peux rester mais je suis très content de te revoir et _____
À bientot,
Pierre

Bilan

1 Relie chaque forme conjuguée du verbe *être* au pronom qui convient.

une ceinture	la montre	un ouvrier	le vase	un chat	la maison	le toit
une boutique	le facteur	un oiseau	la dictée	une promenade	un magasin
le professeur	une armoire	la carte	un pied	la jambe	le bras	une oreille

MASCULIN

_____

_____

_____

_____

_____

_____

_____

_____

FÉMININ

_____

_____

_____

_____

_____

_____

_____

_____

[___ / 20 points]

2 Trouve la forme correcte du verbe.

1 Papa *est* / *es* devant la fenêtre.
2 Pierre et André *sont* / *suis* au travail.
3 Nous *sommes* / *sont* des élèves.
4 Je *suis* / *est* Marc.
5 Tu *es* / *est* un bon collégien.
6 Vous *êtes* / *est* très intelligents.

[___ / 6 points]

3 Complète les phrases en utilisant : *sur, entre, dans, derrière, devant, sous, à côte.*

1 La chemise est _____ l'armoire.
2 L'ordinateur est _____ la table.
3 Luc habite la maison _____ de chez moi.
4 Le surveillant est _____ l'école.
5 La cheminée est _____ le toit.
6 Les chaussures sont _____ le lit.
7 La piscine est _____ la villa.
8 Le ballon est _____ les deux chaises

[___ / 8 points]

4 Choisis la bonne réponse et recopie la phrase exacte.

1 Le tableau est *noir* / *noire.*

_____

2 La chemise est *bleu* / *bleue.*

_____

3 La plante est *verte* / *vert.*

_____

4 La jupe est *long* / *longue.*

_____

5 La fille est *sportif* / *sportive.*

_____

6 Marie est la *première* / *premier.*

_____

7 Pierre est *canadien* / *canadienne.*

_____

8 Hélène est *roux* / *rousse.*

_____

[___ / 8 points]

5   Mets au pluriel.

1   Le cheval

_____

2   Le tableau

_____

3   Le gâteaux

_____

4   le pneu

_____

5   l'oiseau

_____

6   un caillou.

_____

7   Le bijou

_____

8   Le journal

_____

[___ / 10 points]

6   Complète avec *être* ou *avoir*.

1   Il _____ une belle moto rouge.

2   La cuisine de Martine _____ neuve.

9   Tu _____ mon meilleur ami.

4   Les professeurs de notre classe _____ sévères.

5   Vous _____ des cadeaux pour vos parents.

6   Tu _____ des cousins.

7   Nous _____ heureux de vous revoir.

8   Ils _____ rendez-vous chez le docteur.

3   Nous _____ un nouveau sofa dans notre salon.

10   J' _____ envie de boire un thé.

[___ / 10 points]

7   Conjugue les verbes au présent.

1   Je (regarder) _____ des photos.

2   Tu (chanter) _____ une nouvelle chanson.

3   Ils (marcher) _____ sur la plage.

4   Elle (téléphoner) _____ à sa mère.

5   Nous (jouons) _____ dans notre jardin.

6   Il (travaille) _____ en France.

7   Vous (parler) _____ français.

8   Elles (habiter) _____ à Nice.

[___ / 8 points]

8   Utilise le verbe *aller* et *à, au, aux, chez, en* pour compléter les phrases suivantes.

1   Tu _____ _____ Paris.

2   Nous _____ _____ Pays-Bas.

3   Ils _____ _____ Espagne.

4   Je _____ _____ la mer.

5   Vous _____ _____ stade.

6   Elle _____ _____ Portugal.

7   Il _____ _____ Alsace.

8   Elles _____ _____ leurs amies.

9   Je _____ _____ le boulanger.

10   Tu _____ _____ le docteur.

[___ / 10 points]

9   Transforme les phrases suivantes à la forme négative.

1   Vous venez avec moi à la boulangerie.

_____

2   Tu cherches ton livre de français.

_____

3   Léon invite ses cousins.

_____

4   Mes parents téléphonent à leurs amis.

_____

5   Gérard prête son vélo à son frère.

_____

[___ / 5 points]

Bilan

10 Complète en utilisant les deux formes interrogatives qui manquent.

1 Tu habites à Rouen ?

_____

_____

2 Monique aime-t-elle aller à la montagne ?

_____

_____

3 Est-ce qu'ils fréquentent le lycée ?

_____

_____

4 Elles parlent très bien les langues étrangères ?

_____

_____

5 Es-tu né en septembre ?

_____

_____

[__ / 5 points]

11 Complète avec les pronoms personnels. Puis donne une réponse affirmative.

1 Ta sœur est- _____ tranquille ?

_____

2 Ses amies parlent- _____ français ?

_____

3 Allez- _____ au stade ? .

4 Vos parents partent- _____ demain ?

_____

5 Joue-t- _____ au foot ?

_____

6 Travaille-t- _____ à Nantes ?

_____

[__ / 6 points]

12 Complète avec l'adjectif possessif qui correspond au sujet du verbe.

1 Dans _____ trousse j'ai _____ stylos, _____ crayon, _____ gomme.

2 Tu habites dans un appartement avec _____ parents, _____ sœur, _____ frère.

3 Elles adorent _____ enfants, _____ villa, _____ amis.

4 Donnez-moi _____ papiers d'identité, et _____ valise.

[__ / 12 points]

13 Complète avec l'adjectif démonstratif qui convient.

1 _____ enfant est triste.
2 _____ filles sont agitées.
3 _____ garçon est tranquille.

4 _____ homme est beau.
5 _____ maison est grande.
6 _____ écoliers sont attentifs.

[__ / 6 points]

14 Recompose les phrases et mets le verbe au présent.

1 Une / vous / choisir / veste / belle

_____

2 Nous / nos / finir / devoirs

_____

3 Papa / punir / ses enfants

_____

4 Les / à / parents / fils / obéir / leurs

_____

5 Les / guérir / médecin / le / malades

_____

[__ / 5 points]

15 Complète les phrases avec les verbes *vouloir, pouvoir, devoir* au présent.

1 Tu _____ choisir ce que tu

_____ .

2 Mesdemoiselles, _____ -vous m'écouter s'il-vous plait ?

3 Nous _____ aller à la mer, si vous

_____ .

4 _____ -tu cette veste ? Elle est très belle.

5 Nous allons au zoo, tu _____ venir avec nous ?

6 Elle _____ aller à l'école, c'est obligatoire.

[__ / 6 points]

16 Mets les phrases à l'impératif.

1 Tu ouvres cette armoire.

_____

2 Tu finis tes exercices.

_____

3 Nous choisissons un film.

_____

4 Tu ne regardes pas la télé.

_____

5 Tu viens au cinéma avec moi.

_____

6 Vous réfléchissez bien.

_____

7 Tu ne penses pas à tes problèmes.

_____

8 Tu ne choisis pas cette solution.

_____

9 Vous finissez d'étudier vos leçons.

_____

10 Nous partons en voiture.

_____

[__ / 10 points]

17 Complète avec le verbe *faire* au présent.

1 Nous _____ nos devoirs pour demain.

2 Les parents _____ attention à l'alimentation des enfants

3 Je _____ de l'athlétisme le mercredi après-midi.

4 Vous _____ un menu spécial pour vos invités.

5 Il _____ beau aujourd'hui.

[__ / 5 points]

18 Complète avec le verbe *venir* au présent.

1 Je _____ te voir chez toi si tu es malade.

2 Nous _____ de prendre le bus pour la ville.

3 Vous _____ à notre fête?

4 Ces chocolats _____ de Suisse.

5 Il _____ de dire au revoir à ses amis.

[__ / 5 points]

Bilan

19 Complète avec le verbe *dire* au présent.

1 Ils _____ que leur école est grande.

2 Nous _____ tout les ans la même chose à la réunion.

3 Tu ne _____ pas pourquoi tu agis comme ça.

4 Vous _____ que vous êtes médecin ?

5 On _____ que le chien est le meilleur ami de l'homme.

[__ / 5 points]

20 Conjugue au présent les verbes entre parenthèse.

1 Nous _____ (écrire) une lettre de motivation.

2 Ils _____ (lire) le soir avant de dormir.

3 Je _____ (partir) au travail tôt le matin.

4 Pendant les vacances, vous _____ (dormir) un peu plus tard.

5 Nous _____ (sortir) avec les enfants.

6 Tu _____ (mettre) tes chaussures et tu viens !

7 Si tu veux, j' _____ (écris) la liste des courses.

8 Les élèves _____ (partir) en classe de neige en février.

9 Nous _____ (mettre) du sel et du poivre sur le poisson.

10 Je _____ (lire) beaucoup les journaux.

[__ / 10 points]

21 Complète avec -*c* ou -*ç* pour avoir un son doux.

1 La balan_____oire des voisins est verte.

2 Le gla_____on est en train de fondre.

3 Il faut des cer_____eaux pour cet exercice.

4 Le ma_____on construit seul sa maison.

5 le citron est a_____de.

6 Les Durand ont une fille et un gar_____on.

7 Ses fa_____ons de faire ne me plaisent pas.

8 Pla_____ons-nous devant !

9 Nous ber_____ons les petits.

10 Les ber_____euses aident les enfants à dormir.

[__ / 10 points]

22 Complète par -*g* ou -*ge* pour avoir un son doux.

1 La dame du pain aux pi_____ons

2 Ce sportif fait un plon_____on magnifique.

3 Nous passons nos vacances dans un _____ite rural.

4 Avec mes amis, nous man_____ons au restaurant.

5 Il a des _____erçures à cause du froid.

6 L'été nous alons à la pla_____e

7 Tu as quel â_____e ?

8 Nous épong_____ons l'eau qui est par terre.

9 Nous parta_____ons en deux ce morceau de pain.

10 l'épon_____e est jaune.

[__ / 10 points]

23 Mets au présent continu les actions suivantes.

1   Je / prendre une douche

   _____

2   Tu / ranger ta chambre

   _____

3   Vous / expliquer la leçon

   _____

4   Nous / prendre rendez-vous

   _____

5   Il / jouer avec ses copains

   _____

[___ / 10 points]

24 Mets au présent continu les actions suivantes.

1   Je / prendre une douche

   _____

2   Tu / ranger ta chambre

   _____

3   Vous / expliquer la leçon

   _____

4   Nous / prendre rendez-vous

   _____

5   Il / jouer avec ses copains

   _____

[___ / 5 points]

25 Mets au passé récent les actions suivantes.

1   je /descendre du bus

   _____

2   tu / de manger des biscuits.

   _____

3   On / rendre les livres à la bibliothèque.

   _____

4   Vous / dire que vous ne venez pas.

   _____

5   Nous / de rentrer du travail.

   _____

[___ / 5 points]

26 Mets au futur proche les actions suivantes.

1   Elles / faire du bateau.

   _____

2   Nous / demander des explications.

   _____

3   Tu / avoir faim si tu ne mange pas à midi.

   _____

4   Je / aider Marion à faire ses devoirs

   _____

5   Vous / aller à Paris pendant les vacances.

   _____

[___ / 5 points]

TOTAL _____ / 200

Auto-évaluation

	Pas encore	Souvent	Toujours
• Je sais me présenter.	☐	☐	☐
• Je sais saluer et me congédier.	☐	☐	☐
• Je reconnais le masculin, fèminin et le pluriel des noms.	☐	☐	☐
• Je connais les couleurs.	☐	☐	☐
• Je décris des vêtements.	☐	☐	☐
• Je décris des personnes.	☐	☐	☐
• Je pose des questions sur un objet.	☐	☐	☐
• Je pose des questions sur une personne.	☐	☐	☐
• J'exprime la possession.	☐	☐	☐
• Je réponds affirmativement et négativement aux questions.	☐	☐	☐
• J'exprime mes goûts.	☐	☐	☐
• Je sais décrire mes habitudes et mes loisirs.	☐	☐	☐
• Je situe mes actions dans le temps.	☐	☐	☐
• J'exprime la quantité.	☐	☐	☐
• Je comprends une lettre amicale, une carte postale.	☐	☐	☐
• Je sais répondre à une invitation.	☐	☐	☐
• Je sais demander et dire l'heure.	☐	☐	☐
• Je sais situer dans l'espace.	☐	☐	☐
• Je sais parler au futur proche.	☐	☐	☐
• Je sais parler au passé récent.	☐	☐	☐
• Je comprends des annonces et courts messages téléphoniques.	☐	☐	☐

LES VOYELLES

[i]	[y]	[u]
Hypocrite	du sucre	nous
[E] = [e] ; [ɛ]	**[OE] = [ø] ; [œ] ; [ə]**	**[ɔ] ; [o] ; [ɔ]**
Déjeuner, faire, sept, tête, collège	deux, beurre, je	hugo, faux, beau, quatorze
[a]	[ã]	[ɔ̃]
pâte, la	trente, an	onze
[E] ; [ɛ̃] ou [œ̃]		
Vingt, main, un		

LES SEMI-VOYELLES

[ɥ]	[w]	[j]
huit	toi	fille, avion, crayon

LES CONSONNES

[p]	[t]	[k]
parc	tu	classe, klaxson, quatre, cinq
[b]	[d]	[g]
bien	dans	grand
[m]	[n]	[ɲ]
moi	nous	montagne
[f]	[s]	[ʃ]
fête	sœur, croissant, cent, français	chat
[v]	[z]	[ʒ]
veuf	onze, musique	gendre, bonjour
[l]	[ʀ]	
la, belle	rendre, arriver	

Tableau des conjugaisons

INFINITIF	INDICATIF PRÉSENT		IMPÉRATIF
ALLER	je vais tu vas il / elle / on va	nous allons vous allez ils / elles vont	Va ! Allons ! Allez !
APPELER	j'appelle tu appelles il / elle / on appelle	nous appelons vous appelez ils / elles appellent	Appelle ! Appelons ! Appelez !
AVOIR	j'ai tu as il / elle / on a	nous avons vous avez ils / elles ont	Aie ! Ayons ! Ayez !
COMMENCER	je commence tu commences il/elle/on commence	nous commençons vous commencez ils/elles commencent	Commence ! Commençons ! Commencez !
DEVOIR	je dois tu dois il / elle / on doit	nous devons vous devez ils / elles doivent	
ÉCRIRE	j'écris tu écris il / elle / on écrit	nous écrivons vous écrivez ils / elles écrivent	Écris ! Écrivons ! Écrivez !
ÊTRE	je suis tu es il / elle / on est	nous sommes vous êtes ils / elles sont	
FAIRE	je fais tu fais il / elle / on fait	nous faisons vous faites ils / elles font	Fais ! Faisons ! Faites !
JETER	je jette tu jettes il / elle/ on jette	nous jetons vous jetez ils/ elles jettent	Jette ! Jetons ! Jetez !

Tableau des conjugaisons

INFINITIF	INDICATIF PRÉSENT		IMPÉRATIF
LIRE	je lis tu lis il / elle / on lit	nous lisons vous lisez ils / elles lisent	Lis ! Lisons ! Lisez !
MANGER	je mange tu manges il / elle / on mange	nous mangeons vous mangez ils / elles mangent	Mange ! Mangeons ! Mangez !
METTRE	je mets tu mets il / elle / on met	nous mettons vous mettez ils / elles mettent	Mets ! Mettons ! Mettez !
PARLER	je parle tu parles il / elle / on parle	nous parlons vous parlez ils / elles parlent	Parle ! Parlons ! Parlez !
PARTIR	je pars tu pars il / elle / on part	nous partons vous partez ils / elles partent	Pars ! Partons ! Partez !
PLEUVOIR	il pleut		
POUVOIR	je peux tu peux il / elle / on peut	nous pouvons vous pouvez ils / elles peuvent	
SAVOIR	je sais tu sais il / elle / on sait	nous savons vous savez ils / elles savent	Sache ! Sachons ! Sachez !
SORTIR	je sors tu sors il / elle / on sort	nous sortons vous sortez ils / elles sortent	Sors ! Sortons ! Sortez !
TRADUIRE	je traduis tu traduis il / elle / on traduit	nous traduisons vous traduisez ils / elles traduisent	Traduis ! Traduisons ! Traduisez !
VENIR	je viens tu viens il / elle / on vient	nous venons vous venez ils / elles viennent	Viens ! Venons ! Venez !
VOULOIR	je veux tu veux il / elle / on veut	nous voulons vous voulez ils / elles veulent	

Transcription du CD audio

UNITÉ 1
Ex 6
1. Ils sont grands et forts.
2. Je suis secrétaire dans une entreprise importante.
3. Mon prénom est Suzanne.
4. Marie et Chloé sont françaises.

UNITÉ 2
Ex 5
1. C'est la copine de Marie.
2. C'est un chien abandonné.
3. Ce sont les camarades de Jean
4. Voici les clés de l'appartement.
5. Ce sont des chanteurs.
6. Voilà l'amie de maman.
7. Ce sont les médecins du nouvel hôpital.
8. C'est une trousse rouge.
9. C'est la maison de ma grand-mère.
10. Voici les raquettes de ping-pong.

Ex 7
1. « C'est une voiture? » « Oui, c'est la voiture de Mme Blanc. »
2. « C'est une fille? » « Oui, c'est la fille des voisins. »
3. « Ce sont des revues? » « Oui, ce sont les revues de Julien. »
4. « C'est un prof? » « Oui, c'est le professeur de musique. »
5. « C'est un pont? » « Oui, c'est le Pont du Midi. »
6. « C'est un château? » « Oui, c'est le château de Chambord. »
7. « C'est un journal? » « Oui, c'est le journal de mon père. »
8. « C'est un journaliste? » « Oui, c'est le journaliste de 'France-Matin'. »

UNITÉ 3
Ex 6
heureuse · bon · grand · longue · attentive · roux · petite âgée français · sérieux · gentille · étrangère

UNITÉ 4
Ex 4
1. les magasins fermés
1. le beau pantalon
2. les animaux sauvages
3. les pulls bleus
4. l'enfant turbulent
5. les nouveaux bureaux
6. les brouillards matinaux
7. le caillou pointu

UNITÉ 6
Ex 4
1. Nous avons trop chaud.
2. Ce clown a le nez rouge.
3. J'ai douze ans
4. Luc et Marie ont de la chance.
5. Vous avez une semaine de vacances.
6. Les enfants ont un nouveau professeur.

Ex 5
1. Tu es grand pour ton âge.
2. Notre voisin est architecte, il a une belle maison.
3. Nous avons envie d'aller à la piscine.
4. Ces filles ont huit ans, elles sont grandes.
5. Vous êtes très aimable.
6. Vous avez le temps d'aller au supermarché ?

7. Les enfants ont toujours faim.
8. Mes cousins sont encore en vacances.
9. Les professeurs de Marc sont sévères.
10. Je suis contente d'aller voir Manon.
11. Tu as un chat ou un chien ?
12. Nous sommes étrangers.
13. Tu es libre demain après-midi ?
14. J'ai rendez-vous chez le médecin.

UNITÉ 7
Ex 3
1. Grand · 2 triste · 3 petite · 4. blond · 5 grosse · 6 petit
7. mince · 8 gentil · 9 laide · 10 belle

Ex 4
Bonjour! Je m'appelle Paul. J'ai douze ans et je suis français. J'habite à Paris. Je suis roux et j'ai les yeux marron. Je suis petit et maigre, je suis très sympathique et j'aime rire. J'ai beaucoup d'amis. J'ai une sœur et un frère.

Ex 5
1. Il est grand, brun et il a les cheveux courts. Il a l'air fatigué.
2. Elle est brune et a les cheveux court. Elle est grande et elle est heureuse.
3. C'est une femme blonde aux cheveux longs et frisés. Elle a l'air timide.
4. C'est un homme petit, il a l'air sympathique. Il a les cheveux bruns, courts et frisés.
5. Elle est blonde aux cheveux courts et frisés, elle est petite et elle a l'air méchante.

UNITÉ 8
Ex 9
1. Ils aiment le chocolat.
2. Elles demandent un jus de fruit.
3. Nous entendons du bruit.
4. Elles habitent en face de l'école.
5. Vous arrivez à quelle heure ?
6. Il observe le tableau.
7. Nous étudions ensemble.
8. Ils racontent une blague.

Ex 10
1. Marie habite à Nice. Elle aime beaucoup la mer et regarde souvent le port. Elle pense faire une longue croisière, un jour! Elle adore écouter le bruit des vagues sur la plage. Elle est un peu romantique !
2. Frédéric voyage beaucoup. Il aime découvrir les villes et les gens. Il parle anglais et français. Il raconte ses aventures dans le journal de son école.
3. Nous aimons la campagne. Nous habitons un petit village dans le sud de la France. Nous passons beaucoup de temps dehors. Nous marchons trois heures par jour. Nous invitons tous les samedis des amis.

UNITÉ 9
Ex 8
1. Pierre et Justine vont à la piscine le mercredi.
2. Nous allons manger une glace avec les filles.
3. Tu vas chez le boucher ?
4. Nous allons visiter le château de Versailles.
5. Dimanche ils vont faire un pique-nique à la campagne.
6. Où vont-elles aujourd'hui ?

7   Ma maman va faire les courses au supermarché.
8   Les Delacroix vont au cinéma.
9   Les enfants vont bien.
10 Jean va au travail en voiture.

UNITÉ 10

Ex 5

1   Est-ce que tu aimes la cuisine italienne ?
2   Pourquoi rentrez-vous à la maison ?
3   Où est la gare ?
4   Manon a-t-elle des amis au Croisic ?
5   Où est-ce que nous avons rendez-vous ?
6   Comment est-ce que tu prépares cette recette?
7   Les enfants comment parlent-ils anglais ?
8   Pourquoi est-ce que vous aidez Marie ?
9   Quand passez-vous chez nous ?
10 Comment rentre-t-il chez lui

Ex6

    «Salut, Luc !
-   Salut, Chloé. Tu vas bien ?
-   Ouais, ça va. Tu vas à la bibliothèque ?
-   Non, je vais à la piscine. Il fait beau !
-   Ton père t'accompagne ?
-   Non j'y vais en bus. Tu as envie de venir avec moi ?
-   Oui, je remonte chercher mes affaires et demander
    la permission à ma mère
-   Dépêche-toi !
-   Oui, oui, j'arrive tout de suite. »

UNITÉ 11

Ex 5

1   Je ne suis pas libre le vendredi matin
2   elles ne parlent pas anglais
3   Marie ne fait pas ses devoirs
4   les enfants ne jouent pas dans le jardin
5   tu ne restes pas avec nous
6   les enfants ne vont pas à l'école aujourd'hui
7   le médecin n'habite pas ici
8   ils ne regardent pas la télévisions le soir
9   Je n'aime pas la fondue
10 Il ne rentre pas en voiture

UNITÉ 13

Ex 2

1   Je m'appelle martine, je suis français et j'ai douze ans.
    J'habite à paris, 15 Place d'enfer Rochereau.
2   je m'appelle Yvan, je suis français, j'habite à Paris 8, rue
    des rosiers.
3   je m'appelle Sonia, je suis canadienne, j'ai 20 ans et j'habite
    à Montréal
4   Je m'appelle Raoul. Je suis Belge et j'habite à Bruxelles.

Ex 3

1
    «Salut, Yvan !
-   Salut, Charles! Ça va ?
-   Bien merci. On se voit au lycée ?
-   Oui, oui à tout à l'heure. »

2
    «Monsieur Grassin, bonjour!
-   Bonjour, Monsieur Duval!
-   Comment allez-vous ?

-   Bien merci et vous ?
-   Très bien. »

3
    «Bonjour !
-   Bonjour, Madame Dufour. Que voulez- vous ce matin ?
-   Une baguette et deux croissants s'il vous plaît.
-   Voilà, merci, Bonne journée !
-   Merci, au revoir. »

Ex 4

B: Salut !
M: Salut
B: Tu t'appelles comment ?
M: Marc et toi ?
B: Moi, Bernard.
M: Tu es français ?
B: Non, je suis belge mais j'habite à Paris.
M: Moi aussi, j'habite à Paris !
B: Tu habites où ?
M: 17, rue de Rennes. Et toi ?
B: 15, rue du Bac.
M: Quel âge as-tu ?
B: Quatorze ans, et toi ?
M: Moi, j'ai quinze ans.

UNITÉ 14

Ex 6

1   Ces maisons sont neuves.
2   Cet homme marche lentement.
3   Ces garages sont trop petits.
4   Cet enfant est bruyant.
5   Cette amie est serviable.
6   Ces montres sont larges.
7   Cet ordinateur est trop cher.
8   Ce pantalon est trop long.
9   Cette émission est bien.
10 Cet animal est effrayant.

UNITÉ 15

Ex 2

1 onze · 2 douze · 3 un · 4 deux · 5 dix-huit · 6 seize
7 vingt · 8 vingt-trois · 9 soixante · 10 cinquante
11 Soixante–dix · 12 quinze · 13 cinq · 14 quarante-cinq
15 quarante-sept · 16 quatre-vingts · 17 dix-neuf · 18 quatre
19 dix · 20 six

Ex 3

Un · Onze · Vingt et un · Trente et un · Quarante et un
Cinquante et un · Soixante et un · Soixante et onze
Quatre-vingt onze · Cent un

Ex 4

1 six · 2 onze · 3 douze · 4 sept · 5 soixante-douze
6 cent cinq · 7 quatre-vingt treize · 8 soixante-seize

UNITÉ 16

Ex 3

1   le train de paris arrive à 16:35
2   Marie finit l'école à 17:00
3   J'ai un cours de tennis à onze heures moins le quart
4   La bibliothèque ouvre au public à 9.30
5   La piscine ferme à vingt et une heures quinze
6   Elle prend le bus à 13:40

Ex 4

«Salut Paul, ça va?
- Oh, Salut Hélène! Ça va merci!
- Tu prends le train?
- Oui, je vais à Nice, à propos, quelle heure est-il?
  Mon train est à 07.25.
- Il est sept heures seize…tu n'es pas en retard !.. Et à quelle heure arrives-tu à Nice?
- à 11 : 45 mais j'ai un changement à 10.20. Mes parents viennent aussi ce soir par le train de 15. 55 et nous passons le week-end ensemble.
- C'est super !! Moi je vais à Lyon chez des amis, départ à 7.32 …
- Bon week-end alors, et à bientôt !
- Oui, à bientôt! Bon week-end à toi aussi !

UNITÉ 17

Ex 3

1 Les exercices sont dans le cahier.
2 La voiture est dans le garage. sympathique.
3 la boulangerie est à côté du cinéma.
4 Les enfants sont devant la télévision.
5 Ton sac à dos est derrière le divan.
6 Les verres sont sur la table.
7 Les jouets son sous ta chaise
8 Marc a un beau poster sur le mur.

Ex 4

Bonjour messieurs-dames. Nous sommes sur l'Hirondelle, bateau-mouche qui vous donne une vue exceptionnelle de Paris. Nous sommes à côté du Pont-Neuf, le plus vieux pont de Paris. Devant vous, l'Île St-Louis est un quartier très recherché. Nous passons sous le Pont St-Louis. Sur votre droite admirez l'Hôtel-de-ville, centre administratif de Paris.
Derrière, le Louvre où vous pouvez admirer la Joconde Léonard de Vinci. Entre le Louvre et la Concorde, il y a le jardin des Tuileries. La Place de la Concorde est célèbre pour son obélisque que l'Égypte a offert à Napoléon 1er. De l'autre côté, vous avez le Musée d'Orsay, une ancienne gare transformée en musée. Nous avançons un peu et admirez, devant vous, la magnifique Tour Eiffel.

UNITÉ 18

Ex 4

1 Marine est née en janvier.
2 Mon mois préféré est le mois de juin.
3 En automne on change d'heure.
4 En hiver, les journées sont courtes.
5 Le printemps commence le 21 mars.
6 Décembre est le dernier mois de l'année.
7 En Février il y a 28 jours.
8 Il y a un proverbe qui dit: « En mai, fais ce qu'il te plaît! »

UNITÉ 19

Ex 8

Ce soir les Durand viennent à la maison pour dîner. Quand maman invite des amis, elle prépare des bonnes choses! J' aide à préparer la table et, avec ma sœur, nous faisons aussi des gâteaux.
On adore recevoir des invités le vendredi soir parce qu'on fait la fête et on va dormir tard! Souvent, après le dîner, nous jouons, car Monsieur Durand vient toujours avec des jeux de société ou des cartes. Monsieur et Madame Durand font aussi des tours de magie avec les cartes.
Vous aussi vous faites des soirées avec vos amis ?

UNITÉ 20

Ex 4

1 Aujourd'hui, il y a du brouillard sur le nord de la France et il pleut sur presque tout le pays.
2 Souvent, en mars, il grêle.
3 L'été il fait chaud, heureusement à la mer il y a du vent.
4 Il gèle parce qu'il fait froid et il neige.
5 Il fait beau, tu viens marcher avec moi ?
6 Quelle tempête! Écoute… Il tonne !

UNITÉ 22

Ex 9

1 Nous avertissons nos amis du danger.
2 Le blanc agrandit l'appartement.
3 Il faut affranchir cette lettre.
4 Tes parents réagissent toujours comme ça ?
5 Elle agit rapidement.
6 Elle brunit au soleil.
7 Ces enfants grandissent bien.
8 Je choisis un film.
9 Il rougit aussi. animaux.
10 Ils finissent leurs devoirs.
11 Il réussit tout.
12 Vous remplissez une fiche.

UNITÉ 23

Ex 2

1 onzième · 2 treizième · 3 quinzième · 4 dix-huitième
5 vingt-deuxième · 6 trente-cinquième · 7 trente neuvième
8 quarente et unième · 9 cinquante-quatrième
10 soixantième

UNITÉ 24

Ex 4

- Salut Anaïs !
- Salut Chloé !
- Qu'est-ce que tu fais cet après-midi ?
- Je vais à la piscine, tu veux venir ?
- Oui, pourquoi pas, je n'ai rien à faire.. Mais je dois aller chercher mes affaires de piscine chez moi.
- Si tu. veux ma sœur ne veut pas venir, elle peut te passer ses affaires !
- Comme vous voulez .
- Nous devons marcher un peu pour arriver à la piscine..
- C'est plus simple si j'appelle mes parents, ils peuvent nous emmener en voiture !
- Non, je ne veux pas déranger !
- Mais non, ça ne dérange pas.. comme ça, ils emmènent aussi mon sac de piscine !

UNITÉ 26

Ex 9

1 Tu as un peu d'argent pour les glaces ?
2 Il a une belle maison à la mer.
3 Il est en Italie.
4 Elle est petite et très jolie.
5 Les enfants ont besoin de toi.
6 le frère est beau !
7 Tu veux du miel et de la confiture ?

8 Où est la gare ?

9 J'aime bien ces livres.

10 on aime bien venir ici en hiver !

11 on a de la chance.

12 Ses sœurs ont onze ans.

13 Ma maman et mon papa sont en ville.

14 Ces deux robes sont à Martine.

15 Où sont ses amies ?

UNITÉ 28

Ex 5

Le matin, je mange un bol de céréales avec un peu de lait et je bois beaucoup de jus d'orange. À midi, je mange un peu de viande ou de poisson et beaucoup de salade. Je bois beaucoup d'eau pendant la journée, au moins deux litres. Vers quatre heures, je mange un fruit et le soir je mange une grande assiette de pâtes avec un peu de jambon.

Ex 6

Pour faire de bonnes crêpes, il faut 150 grammes de farine, un peu de sel, 25 grammes de sucre et un grand verre de lait. Tu mélanges le tout et tu ajoutes 1 œuf et 2 jaunes d'œuf. Tu mélanges bien et tu ajoutes un peu de beurre et un peu de crème.

UNITÉ 29

Ex 4

1

A: Tu vas où cet après-midi ?

B: Je vais à la piscine, et toi ?

A: Moi, je dois faire mes devoirs.

B: Tu ne veux pas venir avec nous ?

A: Si, mais je ne peux pas.

B: Moi aussi j'ai des devoirs mais je les fais après avec Luc.

A: C'est une bonne idée! Je viens moi aussi, et je fais mes devoirs après, avec vous !

2

A: Il est nouveau lui, c'est qui ?

B: C'est mon cousin Alain.

A: Il est breton, lui aussi ?

B: Oui, mais, lui, il habite à Nantes.

A: Moi aussi, j'ai des cousins à Nantes, mais eux, ils sont plus grands. Ils travaillent.

3

A: Regarde! C'est elle ma copine !

B: Et lui, c'est qui ?

A: C'est son frère, il s'appelle Maurice.

B: Moi, je ne le connais pas !

A: C'est normal il est nouveau! Sa sœur et sympa mais lui, il est très timide.

UNITÉ 31

Ex 4

CHRISTINE: Demain, je vais aller chez le coiffeur parce que je dois voir Marc. Nous pensons aller au cinéma pour voir le dernier James Bond.

MARION: Demain, je vais téléphoner à Julie pour aller faire les magasins. Nous allons faire un tour à la FNAC. Après, nous allons retrouver Luc pour aller manger une pizza.

VINCENT: Moi, demain je vais faire du tennis avec un copain. Après je vais voir Julie et Luc et nous allons manger une pizza ensemble.

PASCAL: Moi, je dois aller acheter un billet de train. Je vais faire un tour à la FNAC. Je vais écrire à Coralie et téléphoner à Vincent.

UNITÉ 32

Ex 2

1 Mon père ne jette jamais rien.

10 Tu nous appelles si tu as besoin d'aide !

11 Nous commençons les cours à 8h15.

12 Nous avons un moniteur pour nous quatre parce que nous ne nageons pas assez bien.

13 Elles achètent toujours les mêmes choses.

14 Nous effaçons le tableau ?

15 Nous ne voyageons jamais en première classe.

16 Nous n'achetons pas de riz.

17 Il regrette de ne pas pouvoir venir.

18 Nous lançons un appel par radio.

Ex 5

1 Les gondoliers sont vraiment habiles.

2 Nous avons mis des guirlandes sur le sapin.

3 J'aime cette garniture.

4 Elle a acheté un cake au gingembre.

5 Ces enfants dansent la gigue.

6 Ce genre de place est pleine de pigeons.

7 Ces garçons jouent bien au foot.

8 Cette tour est gigantesque.

9 Ces navigateurs ont navigué sur un trimaran.

10 Ce groupe est en vogue.

Ex 6

1 C'est un rongeur.

2 Ça me gêne beaucoup.

3 Il fait tous les matins sa gymnastique.

4 Ça va ?

5 Nous berçons notre petite sœur.

6 La cigale chante et la fourmi travaille.

7 Il fume le cigare mais pas la cigarette.

8 Il se déplaçait en se balançant d'une liane à l'autre.

9 Elle met du citron sur ses carottes.

10 Ce maçon a refait notre façade.

11 Il guigne toute la journée derrière la balançoire.

12 Nous effaçons le tableau.

13 Nous commençons à travailler avec la perceuse de Julien.

14 Nous plaçons le poulet farci dans le four.

15 Ce tronçon d'autoroute est dangereux.

UNITÉ 33

Ex 1

1 je jette · 2 nous jetons · 3 ils achètent · 4 elle gèle

5 vous levez · 6 nous appelons · 7 tu préfères.

8 nous réglons · 9 vous amenez · 10 elle transfère

11 je succède · 12 ils répètent · 13 je projette

14 nous trompetons · 15 vous projetez · 16 elle projette

17 Nous appelons · 18 tu appelles · 19 nous épelons

20 elle ficelle

Grammaire Active A1
Auteur : Carine Mercier-Pontec

Coordination éditorial : Simona Franzoni
Rédaction : Wendy Saccard
Direction artistique : Marco Mercatali
Conception graphique : Enea Ciccarelli
Iconographie : Giorgia Gaetani
Mise en page : Marco Tifi
Responsable de la production : Francesco Capitano
Conception graphique de la couverture : Paola Lorenzetti

© 2013 ELI s.r.l
BP 6, 62019 Recanati, Italie
Tél. +39 071 750701
Fax. +39 071 977851
info@elionline.com
www.elionlione.com

Crédits
Illustrations : Studio 6CB9
Photographies : Shutterstock

Imprimé en Italie par Grafiche Flaminia 13.83.144.0

ISBN Livre avec CD audio : 978-88-536-1509-1